Geweldloos verzet: Handleiding voor ouders

Haim Omer
Eliane Wiebenga

Geweldloos verzet:
Handleiding voor ouders

Bohn
Stafleu
van Loghum

Houten 2015

Haim Omer
Hod Hasharon
Israel

Eliane Wiebenga
Haarlem
Noord-Holland
The Netherlands

ISBN 978-90-368-1018-0   ISBN 978-90-368-1019-7 (eBook)
DOI 10.1007/978-90-368-1019-7

NUR 777
Basisontwerp omslag: Studio Bassa, Culemborg
Automatische opmaak: Crest Premedia Solutions (P) Ltd., Pune, India
Oorspronkelijke titel: Nonviolent Resistance. A. New Approach to Violent and Self-Destructive
Childeren
© Haim Omer
Vertaling: Lieke Berkhuizen, met medewerking van Eliane Wiebenga
Pictogrammen in de bijlage beschikbaar gesteld door (www.sclera.be).

Bohn Stafleu van Loghum
Het Spoor 2
Postbus 246
3990 GA Houten

www.bsl.nl

Inleiding bij de los te verkrijgen 'Handleiding voor ouders', behorend bij de methodiek 'Geweldloos verzet in gezinnen, een nieuwe benadering van gewelddadig en zelfdestructief gedrag van kinderen en adolescenten'.

Deze handleiding is speciaal voor de tweede, herziene druk van het boek 'Geweldloos verzet in gezinnen' herschreven en aangevuld conform de praktijk anno 2015 (Omer & Wiebenga, hoofdstuk 3). Daarnaast heeft een team van Expertisecentrum De Banjaard te Den Haag een verkorte en aangepaste handleiding voor gezinnen met kinderen en/of ouders met een verstandelijke beperking en/of autisme ontwikkeld, die als bijlage aan de tweede druk van het boek "Geweldloos verzet in gezinnen' is toegevoegd (Van Vliet et al. 2015).

Als team van auteurs zijn wij verheugd dat beide nieuwe handleidingen (tezamen in één uitgave) nu ook los te bestellen zijn onder de naam 'Geweldloos verzet: Handleiding voor ouders' ISBN 978-90-368-1018-0.

Voor geïnteresseerden in de achtergrond van de in deze handleiding beschreven methodiek verwijzen wij graag naar het volledige boek:
Omer, H. & Wiebenga, E. (2015). Geweldloos verzet in gezinnen. Een nieuwe benadering van gewelddadige en zelfdestructieve kinderen en adolescenten'.
ISBN 978-90-368-0948-1

Voorwoord bij de herziene 2^e druk van de Nederlandse vertaling (2015)

De tegenpool van dwang is niet vrijheid,
maar verbondenheid.
Martin Buber

Sinds het verschijnen van de Nederlandse vertaling van dit boek in 2007 hebben de ontwikkelingen niet stilgestaan. Toen Haim Omer in 2005 door het Lorentzhuis werd uitgenodigd voor zijn allereerste workshop in Nederland konden we uiteraard niet voorzien wat het effect van zijn bevlogen en goed onderbouwde verhaal zou zijn. Tien jaar later kunnen we gerust stellen dat de methode Geweldloos Verzet niet meer weg te denken is uit Nederland en Vlaanderen. Talloze ouders, therapeuten, groepsleiders, leerkrachten en ook beleidsmakers zijn geïnspireerd geraakt en daadwerkelijk geholpen door de effectiviteit van de principes en concrete interventies van geweldloos verzet in het gezin, de leefgroep, de klas, het team en de wijk. In iedere provincie of regio zijn er een of meer instellingen die de methode hebben opgenomen in hun aanbod en er zijn inmiddels veel mogelijkheden om in deze methode geschoold te worden.

Verspreiding

Als een olievlek verspreidt het gedachtegoed zich over het Europese continent. Behalve in Nederland en Vlaanderen zijn er veel ontwikkelingen en activiteiten in Engeland, Ierland, Duitsland, Oostenrijk en Zwitserland. Ook in Zweden, Denemarken, Frankrijk en Italië is de belangstelling groeiende. Wereldwijd is er belangstelling in de Verenigde Staten, Brazilië en Hong Kong. Deze ontwikkeling doet denken aan Gandhi's beroemde 'zoutmars', die werd geïnitieerd door één man met een cruciaal idee en een strategisch plan. Deze mars vormde een belangrijk onderdeel in de strijd voor de onafhankelijkheid van India, maar in zijn eentje zou Gandhi nooit resultaat hebben geboekt. Hij had succes doordat vele duizenden mensen zijn visie en aanpak onderschreven en hem steunden, onder andere in zijn strikt geweldloze protestmars naar de zoutmijnen. Ditzelfde geldt voor hulpverleners, opvoeders en andere gezagsdragers: alleen kom je niet ver, met elkaar wel.

'Verzet begint niet met grote woorden, maar met kleine daden', schreef Remco Campert. Zo is de eerste workshop van Haim Omer gevolgd door vele kleine en grotere initiatieven in Nederland en Vlaanderen: van de eerste voorzichtige schreden in de therapiekamer naar de ontwikkeling van oudergroepen, van de eerste workshop naar erkende en geaccrediteerde cursussen, van een enkele lezing naar een tweedaags internationaal congres met 350 deelnemers (een coproductie van de Vlaamse Stichting Opvang en het Nederlandse Lorentzhuis). Ook de door het 'Nederlands Netwerk Nieuwe Autoriteit en Geweldloos Verzet' georganiseerde lezingen worden steeds goed bezocht.

Dankzij de inspanningen van Molemann Mental Health in Almere en Lorentzhuis in Haarlem zijn de twee belangrijkste boeken van Haim Omer in het Nederlands uitgegeven. En, niet te vergeten, de 'wereldprimeur' van de Bascule, academisch centrum voor kinder- en jeugdpsychiatrie, waar men in samenwerking met Idan Amiel uit Israël de aanpassing van de methodiek voor residentiële leefgroepen heeft gerealiseerd. In 2010 ontvingen zij hiervoor de Veilige Publieke Taak Award. Kortom, met een groeiend aantal mensen is er in tien jaar tijd veel werk verricht!

Nieuwe ontwikkelingen in theorie en praktijk

Ook in Israël heeft men niet stilgezeten. In het jaar 2011 is het boek *Nieuwe autoriteit, samenwerken aan een krachtige opvoedingsstijl thuis, op school en in de samenleving* van Haim Omer verschenen. Na *Nonviolent Resistance, a new approach to violent and selfdestructive children* (2004), waarvan dit boek de vertaling is, en *The psychology of demonization, promoting acceptance and reducing conflict* (2006, met coauteur Nahi Alon) maakt Omer in het boek Nieuwe autoriteit een grote stap van behandeling van ernstige gedragsproblemen naar een algehele opvoedingsstijl die past binnen de huidige vrije en democratische samenleving. Naar de traditioneel-autoritaire opvoeding, gebaseerd op disciplinering en conditionering, wil niemand terug, maar de permissieve droom van de jaren zestig bleek een illusie. Buber had het in de jaren twintig van de vorige eeuw goed gezien: 'De tegenpool van dwang is niet vrijheid, maar verbondenheid'. Omer komt tot dezelfde conclusie en combineert hechtingstheorie, systeemtheorie en geweldloos verzet tot een nieuwe vorm van gezag. Hij introduceert de metafoor van de 'ankerfunctie' van opvoeders (Omer 2013) en pleit voor gezag dat houvast biedt en dat het belang van responsiviteit en sensitiviteit (veilige hechting) met het belang van grenzen en toezicht (autoriteit) verenigt. Zowel de taal van de hechtingstheorie als van geweldloos verzet is bij uitstek een taal van verbinding en relaties (relaties tussen opvoeders en jongeren en relaties tussen opvoeders onderling). Om die reden hebben wij in het Lorentzhuis deze nieuwe vorm van autoriteit 'Verbindend gezag' genoemd.

Zo heeft de methode geweldloos verzet zich ontwikkeld van een therapeutische interventie gericht op vermindering van externaliserend gedrag naar een visie op hoe ouders, leerkrachten, groepsleiders en wijkagenten hun gezag kunnen neerzetten vanuit een houding van transparantie en verbinding. Door al deze ontwikkelingen is de doelgroep inmiddels sterk uitgebreid en is de methodiek verder ontwikkeld en aangepast voor een breed scala aan problemen en settingen.

Na het oorspronkelijke behandelprotocol voor agressieve en zelfdestructieve kinderen uit dit boek (H. 3) zijn er behandelprotocollen voor angst, dwang, schoolweigering, computerverslaving, eetstoornissen, diabetes en overafhankelijke volwassenen ontwikkeld. In een speciaal voor pleegouders ontwikkeld behandel protocol wordt rekening gehouden met de specifieke aspecten van pleegzorg. Dan is er de reeds genoemde versie voor leefgroepen. Tenslotte is er nu ook een 'preventieve' toepassing voor jonge automobilisten. Dit protocol, 'waakzame zorg' geheten, heeft als doel de afname van verkeersongelukken en verschaft de ouders handvatten in het coachen van hun kinderen die net hun rijbewijs hebben gehaald. Het is te verwachten dat er nog andere varianten zullen verschijnen.

Geheel herziene handleiding voor ouders

Ontwikkelingen waren er ten slotte ook op het niveau van de concrete interventies, die beschreven worden in de 'Handleiding voor ouders' (H. 3). Deze handleiding is speciaal voor de tweede druk geheel herschreven en aangevuld conform de praktijk anno 2015 (Omer & Wiebenga). Daarnaast heeft een team van Expertisecentrum De Banjaard te Den Haag een verkorte en aangepaste handleiding voor gezinnen met kinderen en/of ouders met een verstandelijke beperking en/of autisme ontwikkeld, die als bijlage aan de tweede druk van het boek is toegevoegd (Van Vliet et al. 2015). We zijn verheugd te kunnen melden dat beide nieuwe handleidingen (tezamen in één uitgave) voortaan ook los te bestellen zijn onder de naam 'Geweldloos verzet: Handleiding voor ouders' ISBN 978-90-368-1018-0.

Wetenschappelijk onderzoek

In diverse landen wordt inmiddels naar veel van de genoemde toepassingen onderzoek gedaan, waarover in vaktijdschriften is gepubliceerd. Een speciale vermelding verdient het begin 2014 verschenen proefschrift van Frank van Holen van Pleegzorg Vlaams-Brabant en Brussel: 'Ontwikkeling en implementatie van een trainingsprogramma voor pleegouders gebaseerd op Geweldloos Verzet', de eerste *randomized controlled trial* (RCT) op Nederlandstalig gebied. Dit onderzoek heeft niet alleen een belangrijke onderbouwing van ons werk opgeleverd, maar tevens mooi geïllustreerde, overzichtelijke folders met een korte toelichting op alle in de handleiding beschreven interventies. Deze folders zijn voortaan beschikbaar voor zowel (pleeg)ouders als professionals via de website van de uitgever van dit boek.

Ga hiervoor naar website http://extras.springer.com en vul in het zoekveld 'Search ISBN' het nummer van dit boek in: 978-90-368-0948-1.

Met al dit mooie en nieuwe materiaal kunnen we weer vele opvoeders en professionals ondersteunen in hun taak om een stevig anker te zijn voor de opgroeiende jeugd.

Laat dit motto van Gandhi ons tot steun zijn:

> You may never know what results will come of your actions,
> but if you do nothing there will be no results at all

Eliane Wiebenga
Klinisch psycholoog-psychotherapeut
Lorentzhuis, centrum voor systeemtherapie, opleiding en consultatie te Haarlem
www.lorentzhuis.nl
Twitter: @VerbindendGezag

Inhoud

Inleiding

In de moderne samenleving moeten mensen kiezen uit een veelheid van normen en waarden en uit verschillende benaderingen van de opvoeding van hun kinderen. Ouders kunnen onderling van mening verschillen of het zelfs met zichzelf niet altijd eens zijn. Dit leidt ertoe dat veel ouders met lege handen staan als het gaat om het aanpakken van gewelddadig en zelfdestructief gedrag van kinderen en adolescenten. Zij die zich beroepsmatig bezighouden met het gedrag van kinderen en adolescenten, bijvoorbeeld leraren, therapeuten en jongerenwerkers, zijn het vaak evenmin met elkaar eens over wat de juiste aanpak is van dit gedrag. De met elkaar conflicterende visies staan vaak radicaal tegenover elkaar: een 'strenge' tegenover een 'softe' aanpak, 'eisen stellen' tegenover 'acceptatie', 'antiautoritair' tegenover 'autoritair' en 'discipline' tegenover 'therapie'.

In dit boek probeer ik te laten zien dat er een uitweg uit deze impasse bestaat. Die uitweg wordt niet gevormd door een psychologische theorie, maar door een sociaal-politieke benadering: de leer van geweldloos verzet. Deze leer – waarvan de filosofische en ideologische wortels al heel oud zijn – ontwikkelde zich door het werk van Mahatma Gandhi tot een praktische, gedetailleerde en consistente theorie. Waartoe geweldloos verzet in staat is, toonde Gandhi aan in zijn strijd tegen de discriminatie van de zwarte bevolking in Zuid-Afrika en tegen het religieuze en klassengeweld in India en de Britse bezetting van dat land. Dankzij geweldloos verzet werden aanhangers gemobiliseerd, activisten enthousiast gemaakt, gingen zwakken zich sterker voelen en werden geweld en onderdrukking tegengegaan. De leer van geweldloos verzet is niet alleen bijzonder vanwege haar hoge morele standaard, maar vooral door het succes ervan in het tegengaan van escalatie, waarschijnlijk het lastigste probleem voor elke benadering die erop gericht is gewelddadig of ander extreem gedrag aan te pakken.

Wat nieuw is in dit boek is dat de leer van geweldloos verzet toepasbaar is gemaakt voor gewelddadig en zelfdestructief gedrag van kinderen in gezinnen, op school en in de gemeenschap. Geweldloos verzet dankt zijn kracht vooral aan het vermogen om een brug te slaan tussen het stellen van grenzen en het tonen van begrip voor de ander, waardoor deze aanpak ook in het private domein (ouders, leraren en therapeuten) zowel moreel als praktisch aanvaardbaar is.

Op individueel niveau stelt geweldloos verzet de ouder in staat de elkaar tegensprekende stemmen in zijn hoofd met elkaar te verzoenen. Een ouder die bijvoorbeeld bang is dat het stellen van eisen betekent dat hij zich minder empathisch en accepterend kan opstellen, dat pogingen een grens te stellen leiden tot vervreemding van het kind of dat een stevige opstelling tegenover geweld ertoe leidt dat de psychische problemen van het kind alleen maar groter worden, zal door het uitoefenen van geweldloos verzet leren dat daden waarmee wordt duidelijk gemaakt: 'Ik ben je ouder! Ik geef je niet op en ik geef niet toe!' een optimale boodschap afgeven van grenzen én nabijheid. De ouder die daarentegen bang is dat begrip voor en contact met zijn kind ertoe leidt dat het kind zijn[1] zin krijgt, zal ervaren dat relatiegebaren in combinatie met verzet juist meer effect sorteren dan woede en dwang. Met deze benadering kan de ouder met zijn acties het geweld beteugelen en tegelijkertijd zijn toewijding aan het kind tot uitdrukking brengen.

Ouders die onderling met elkaar van mening verschillen over de opvoeding kunnen door geweldloos verzet weer samenwerken. Door geweldloos verzet te hanteren kan de ouder die een 'harde' aanpak voorstaat grenzen stellen zonder in een spiraal van escalatie te belanden en kan de ouder die zich meer thuis voelt bij een 'zachte' aanpak verbindend zijn zonder toe te geven. De 'strenge' ouder krijgt dankzij geweldloos verzet bovendien de kans op verzoening met het kind, terwijl de 'softe' ouder een instrument in handen krijgt om zichzelf en eventuele andere kinderen in het gezin te beschermen tegen geweld. Op deze manier zullen de aanvankelijk tegenovergestelde benaderingen van de ouders meer gaan samenvallen en gaan deze elkaar aanvullen, waardoor hoeven de ouders geen genoegen meer hoeven te nemen met een compromis dat een slap aftreksel vormt van hun beider standpunten, maar is er een synthese mogelijk van beide benaderingen.

Ook in de verhouding tussen ouders en leerkrachten kan geweldloos verzet een verbindende rol spelen. De gebruikelijke polarisatie tussen deze partijen is het gevolg van dezelfde conflicten die ook spelen tussen 'strenge' en 'softe' ouders. De ouders van een agressief kind worden vaak in de rol gedwongen van verdediger van hun kind en de school komt dan in de rol van aanklager terecht. Ook de verschillende instanties kunnen in elkaar bestrijdende kampen terechtkomen. De kinderbescherming kan bijvoorbeeld meer belang hechten aan de privacy van het kind, terwijl instanties die drugs proberen te bestrijden, pleiten voor meer toezicht op kinderen. Ook hier geldt dat geweldloos verzet een brug kan slaan tussen beide partijen en kan leiden tot het formuleren van gemeenschappelijke doelen. Ouders en leerkrachten die samen met geweldloos verzet aan de slag gaan, leren ervoor te waken dat ze door elkaar aan te vallen elkaars positie tenietdoen, de onderlinge verhoudingen laten escaleren en elkaars gezag ondermijnen.

---

[1] Waar naar een kind wordt verwezen met de mannelijke vorm, kan ook de vrouwelijke vorm worden gelezen.

Voor de verschillende instanties geldt hetzelfde: programma's die zijn gebaseerd op geweldloos verzet kunnen ouders, familieleden, vrienden, leerkrachten, leerplichtambtenaren, maatschappelijk werkers, reclasseringswerkers en ook de individuele therapeut van het kind met elkaar op één lijn brengen.

Mijn stelling luidt dat ouders, leerkrachten en therapeuten in geweldloos verzet een raakpunt kunnen vinden en met geweldloos verzet een gemeenschappelijk en kracthig netwerk kunnen vormen, waar voorheen sprake was van wederzijdse beschuldigingen en standpunten die tegenover elkaar stonden. Deze kracht van geweldloos verzet om bruggen te slaan en heeft zich inmiddels bewezen bij honderden ouders die er, tot ze deze aanpak aangereikt kregen, geen idee van hadden dat een heldere, vastbesloten en geweldloze aanpak mogelijk was. Ouders en leraren die voorheen machteloos, geïsoleerd en onzeker stonden tegenover het extreme gedrag van kinderen kregen weer voldoende (zelf)vertrouwen en gezag om dit gedrag aan te pakken.

Dat geweldloos verzet dit allemaal in zich heeft, komt doordat het niet alleen een morele, maar ook een praktische leer is. Gandhi was behalve een spiritueel leider ook een groot strateeg. Hij bezat het verbazingwekkende talent middelen en oplossingen zodanig te definiëren dat deze allemaal binnen de leer als geheel pasten. Van iedere praktische maatregel werd door Gandhi streng bekeken in hoeverre deze een betrouwbare uitwerking was van de geest van geweldloos verzet.

Bij het schrijven van dit boek hadden wij hetzelfde doel voor ogen. We probeerden ouders, leraren en leden van de gemeenschap specifieke en praktische maatregelen aan te reiken, die ieder op zich de geest van geweldloos verzet tot uitdrukking zouden brengen. We hopen dat deze geest op een betrouwbare wijze tot uiting komt in acties zoals sit-ins, telefoonrondes, stakingen, het inschakelen van hulp van buitenaf en het mobiliseren van de publieke opinie, de inzet van bemiddelaars en het uitvoeren van relatiegebaren.

Voor ons is het niet voldoende als alleen wordt aangetoond dat het programma effectief is in het verminderen van probleemgedrag van kinderen. Wij willen meer, namelijk dat ook de vijandigheid en de woede-uitbarstingen van ouders afnemen. Uit onze gegevens en ervaring met meer dan vierhonderd gezinnen blijkt duidelijk dat de benadering van geweldloos verzet aan deze criteria voldoet. Als ons programma inderdaad een trouwe vertaling vormt van de leer van Gandhi, mogen we hopen dat ouders, leraren, therapeuten, maatschappelijk werkers en andere professionals, en, uiteindelijk, ook heel veel kinderen niet alleen zullen kunnen zeggen: 'Het werkt!', maar ook: 'Het is moreel juist!'

In dit boek is een handleiding voor ouders opgenomen waarin zij stap voor stap door de methode van geweldloos verzet worden geleid (H. 3). De meer op de praktijk georiënteerde lezer kan ervoor kiezen meteen met deze handleiding aan de slag te gaan, met het voordeel dat daarna de eerste hoofdstukken over de principes van geweldloos verzet en over escalatieprocessen als relevanter worden ervaren. De handleiding kan ook los van de rest van het boek worden gelezen. Ouders die beginnen met geweldloos verzet kunnen de handleiding laten lezen aan degenen die bereid zijn hen hierbij te steunen. In ons onderzoeksproject aan de Universiteit van

Tel Aviv gebruikten wij de handleiding op deze manier. Ouders én hun potentiële helpers (vrienden, familieleden en belangrijke derden) kregen er een kopie van.

Woord van dank

Mijn studente Bella Levin wil ik bedanken voor haar hulp bij het maken van een grafische voorstelling van het escalatiemodel (opgenomen aan het eind van H. 2). Verder bedank ik de therapeuten die deelnamen aan mijn project aan de Universiteit van Tel Aviv, Uri Weinblatt en Carmelit Avraham-Krehwinkel, de studenten die de ouders steunden en alle ouders die heldhaftig en geweldloos streden voor het herstel van hun ouderlijke aanwezigheid, met als doel het gewelddadige en zelfbeschadigende gedrag van hun kinderen in te tomen.

Hoofdstuk 1
Handleiding voor ouders

1.1 Inleiding

Agressieve en zelfdestructieve kinderen en adolescenten vertonen een scala aan gedragingen die voor ouders en leerkrachten buitengewoon moeilijk zijn: provocaties,
woede-uitbarstingen, risicovol en zelfdestructief gedrag, geweld jegens anderen,
zichzelf en eigendommen, spijbelen of helemaal niet meer naar school gaan, pro-
miscuïteit, drugsmisbruik, liegen, diefstal en chantage, het zijn allemaal gedragingen die zelfs de geduldigste en meest liefhebbende ouders en leerkrachten van hun
stuk brengen. Ook angst, dwang, schoolweigering, computerverslaving, eetstoornissen of ander probleemgedrag kunnen ouders tot wanhoop drijven. 'Dwang en
drang' blijken ook dan geen effectief antwoord te zijn. Pogingen van ouders om het
gedrag van hun kind te veranderen mislukken vaak of werken zelfs averechts, ook
als zij hiervoor methoden gebruiken die door hulpverleners worden aanbevolen.
In hun verwarring kunnen ouders heen-en-weer geslingerd worden tussen 'straffen'
en 'toegeven', wat slechts tot verdere escalatie leidt. Het ouderlijk huis – bedoeld
als een veilige haven voor het hele gezin – begint dan steeds meer op een slag-
veld lijken. Het kleinste meningsverschil kan al tot een heftige uitbarsting leiden.

Begrip van escalatieprocessen kan een belangrijke bijdrage leveren aan het antwoord op de vraag hoe met dit soort situaties kan worden omgegaan. Er zijn twee
vormen van escalatie:

1. 'symmetrische escalatie' (ook wel wederzijds vijandige escalatie genoemd),
   waarin de boosheid van het kind en die van de ouder elkaar in een vicieuze cirkel
   versterken;

Uri Weinblatt en Carmelit Avraham-Krehwinkel, co-auteurs van de oorspronkelijke Hebreeuwse
handleiding, 2004.

H. Omer, E. Wiebenga, *Geweldloos verzet: Handleiding voor ouders*,
DOI 10.1007/978-90-368-1019-7_1,
© 2015 Bohn Stafleu van Loghum, onderdeel van Springer Media BV

2. 'complementaire escalatie' (ook wel toegevende escalatie genoemd), een inter-
actiepatroon waarin de dreigementen van het kind de ouders ertoe brengen de
strijd op te geven, waardoor het kind meer eisen gaat stellen en meer dreigementen gaat uiten, de ouders weer toegeven etc.

Deze twee soorten escalatie versterken elkaar bovendien: hoe vaker ouders toegeven, hoe gefrustreerder en bozer ze worden en hoe meer een onbeheerste uitbarsting
op de loer ligt.

En andersom, hoe heftiger de wederzijdse uitbarstingen van vijandigheid, hoe
banger de ouders worden en hoe meer ze geneigd zullen zijn de strijd op te geven.
In zo'n sfeer is het niet verwonderlijk dat de ouders steeds minder in staat zijn uiting
te geven aan hun liefde voor het kind of deze zelfs maar te voelen. Omgekeerd kan
het kind het gevoel krijgen het nooit goed te doen en verharden. Geweldloos verzet
biedt een uitweg uit dit dilemma.

In deze 'handleiding voor ouders' wordt uitvoerig beschreven hoe het geweldloos verzet er in de praktijk voor u uit gaat zien.

1.2   Geweldloos verzet

Het doel van geweldloos verzet is dat u een einde kunt maken aan het negatieve gedrag van uw kind, zonder dat dit tot escalaties leidt. Geweldloos verzet is gebaseerd
op de overtuiging dat u geen controle heeft over het gedrag van een ander en dat u
uw kind dus niet kunt *dwingen* tot ander gedrag. Maar u kunt zich wel 'verzetten' en
actief stelling nemen, waarmee u de volgende boodschap geeft: 'Wij zijn niet langer
bereid op deze voet verder te gaan en wij zullen alles doen wat in ons vermogen ligt
om de situatie te veranderen, behalve jou fysiek of verbaal aanvallen.'

Geweldloos verzet wordt gekenmerkt door de volgende principes:

- Een duidelijke stellingname door ouders (en andere opvoeders) tegen geweld en
tegen risicovol, antisociaal of zelfdestructief gedrag;
- Het absoluut vermijden van fysieke of verbale agressie naar het kind, in welke
vorm dan ook.

In deze handleiding worden de algemene principes van geweldloos verzet uitge-
werkt in een palet van concrete interventies die goed toepasbaar zijn in gezinnen. Er
zit een duidelijke opbouw in de volgorde waarin de interventies beschreven worden,
maar deze opbouw is niet bindend. U zoekt gezamenlijk de benadering en volgorde
die het best passen bij u en uw gezinssituatie. Het is wel altijd van belang dat er een
goede balans gevonden wordt tussen de beide essentiële componenten 'geweldloosheid' én 'verzet'.

Geweldloos verzet geeft u een morele en praktische basis om weer op een positieve en krachtige manier aanwezig te zijn in het leven van uw kind. U leert een
zinloze machtsstrijd beëindigen, te werken aan herstel van de relatie met uw kind en
u op effectieve wijze, zonder dwang, te verzetten tegen onacceptabel gedrag, ofwel
van (on)macht naar kracht!

Kader 1.1 Presentie: ouderlijke aanwezigheid

De doelstelling van geweldloos verzet is dat u het kind laat zien en ervaren dat u uw aanwezigheid in zijn even herstelt. Een heldere, stevige en frequente ouderlijke 'presentie' is in onze visie het belangrijkste middel om de relatie met het kind te verbeteren. Geweldloos verzet helpt u om weer vorm te geven aan uw gezag. Het ouderlijk gezag waarnaar wij streven, is niet gebaseerd op het feit dat ouders van hun kinderen moeten winnen, maar op het feit dat ouders op een vastbesloten manier in het leven van hun kinderen aanwezig en beschikbaar zijn. Hoe meer u uw aanwezigheid op een rustige en duidelijke manier voelbaar en zichtbaar maakt, hoe groter de kans dat uw kind destructieve patronen zal opgeven en dat er weer een dialoog op gang komt tussen u en uw kind. Uw kind zal merken dat uw aanwezigheid enerzijds acceptatie van hemzelf als *persoon* inhoudt en anderzijds begrenzing en verzet tegen specifiek *gedrag*.

Geweldloos verzet staat voor beide zijden van de medaille van ouderlijke aanwezigheid.

1. Op een positieve manier geïnteresseerd en betrokken zijn op uw kinderen: belangstelling voor hun activiteiten, iets samen doen ('ik zie je graag')
2. Gericht toezicht houden, ook buitenshuis: weten waar uw kind is, met wie het omgaat en wat het doet ('vinger aan de pols').

1.3 Waakzame zorg

Ouderlijke aanwezigheid is meer dan letterlijk in huis of in de kamer aanwezig zijn. Het is een houding van oplettende betrokkenheid, die is ingebed in de zorg die ouders voor hun kinderen hebben. We noemen dit 'waakzame zorg'. Bij baby's en jonge kinderen gebeurt dat haast vanzelf. De radar van ouders staat goed afgesteld en ieder geluidje of beweging wordt waargenomen. Wanneer kinderen ouder worden is aanwezigheid en toezicht niet vanzelfsprekend meer, maar nog steeds nodig. Het is van belang dat ouders hun verantwoordelijkheid nemen, ook als hun kind daartegen protesteert. Een zorgzame én waakzame opvoeding is de beste vorm van preventie van een grote variëteit aan risicogedrag van kinderen in alle leeftijden (Fletcher et al. 2004). Kinderen komen heel wat moeilijkheden en verleidingen tegen en hebben in de ontwikkelingsstormen een stevig anker nodig (Omer et. al. 2013). Waar het ouderlijk huis dient als veilige haven en een goede relatie met de ouders aanmoedigt om de wereld te exploreren, weerspiegelt de ankerfunctie de bescherming en 'reddingsfunctie' van ouders, die het kind houvast biedt wanneer het zich in gevaarlijk water waagt.

Hoe kunnen ouders hun aanwezigheid in het leven van hun kind vormgeven zonder 'overbeschermend' of 'achterdochtig controlerend' te zijn? Dit is mogelijk door onderscheid te maken in drie niveaus van 'waakzame zorg'. Hoe groter het vermogen van ouders om te schakelen tussen deze drie niveaus, des te effectiever is hun gezag. Hoewel tieners openlijk misschien zullen protesteren, diep in hun hart zijn ze meestal dankbaar dat de ouders oplettend zijn en zich niet onttrekken aan hun verantwoordelijkheid.

Afhankelijk van het gedrag en het risico dat het kind loopt, past de ouder zijn niveau van waakzame zorg aan, van minder naar meer toezicht en terug (Omer 2011, pag. 49–50).

1. Oplettendheid (open dialoog): ouders zorgen voor regelmatige, positieve en open communicatie met hun kinderen. Ze weten waar ze zijn, wat ze doen en wat ze leuk vinden. De ouderlijke voelhoorns staan altijd uit, waardoor geruststellende of alarmerende signalen opgepikt kunnen worden.
2. Aanwezigheid (gerichte vragen): als er sprake is van opvallend gedrag of onge-rustheid verhogen ouders hun alertheid en aanwezigheid in het leven van hun kind, zowel binnenshuis als buitenshuis. Ze zoeken hun kind op en informeren gericht naar activiteiten, adressen, telefoonnummers, enzovoorts.
3. Bescherming (eenzijdige interventies): wanneer er sprake is van grote ongerust-heid of alarmsignalen gaan ouders over tot actieve interventies om het kind te begrenzen en te behoeden. Op dit niveau van eenzijdig handelen spreken we van geweldloos verzet, met de daarbij behorende interventies die in deze handleiding beschreven staan.

1.4   Voorkomen van escalaties

Om weer een constructieve relatie met uw kind te kunnen opbouwen en een einde te maken aan een zinloze en uitputtende machtsstrijd is het van groot belang om onnodige confrontaties en escalaties te voorkomen. Dat is makkelijker gezegd dan gedaan. Het begint met het aanvaarden van het feit dat je nooit controle hebt over het gedrag van iemand anders, ook niet met dwang of dreigen met straf. Als ouder leer je om niet meer te zeggen: 'Als je niet doet wat ik zeg, dan...' maar bijvoor-beeld: 'Het is mijn plicht me te verzetten'. Dit vraagt vooral in het begin veel van uw geduld en zelfbeheersing. Mantra's als 'Ik laat me niet uitdagen' of 'Ik blijf rustig, maar geef niet op' kunnen behulpzaam zijn evenals verschillende ontspan-ningstechnieken. Bedenk steeds: 'U hoeft niet te winnen, alleen vol te houden!'

1.4.1   Provocaties weerstaan

Kinderen die hebben geleerd dat ze met behulp van dreigementen en geweld hun zin kunnen krijgen, zullen proberen u toch zover te krijgen dat u de confrontatie aangaat. Op macht georiënteerde kinderen weten dat er altijd iets te halen valt uit een conflict, ook als ze niet 'winnen', want als ze u zover krijgen dat u uw zelfbeheersing verliest, is dat voor hen een rechtvaardiging om door te gaan met hun agressieve gedrag. Het agressieve gedrag van kinderen is vaak te wijten aan 'escalatiegewoonten' – dat wil zeggen: zij hebben geleerd dat als ze niet meteen krijgen wat ze willen, ze dit alsnog kunnen krijgen door zich nog extremer te gedragen.

We mogen aannemen dat ook u als ouder escalatiegewoonten heeft ontwikkeld. Misschien heeft u een 'kort lontje', waardoor u in een conflictsituatie niet kalm kunt blijven en uw zelfbeheersing verliest. Ouders die gemakkelijk te provoceren zijn tot machtsconflicten met hun kinderen hebben ook de neiging om veel te praten: ze argumenteren, moraliseren en dreigen met sancties. Deze manier van praten leidt vaak tot escalatie. Kinderen zijn meesters in het negeren van de pogingen van hun ouders om hen te overtuigen en gaan stug door met ruziemaken. Soms reageren ze ook met openlijke minachting en sarcasme. Hoe meer woorden u in zulke situaties gebruikt, hoe machtelozer u zich gaat voelen. Een kort en duidelijk verbod is beter dan dreigen ('Als…, dan…!') of preken. Dit proces kunt u stoppen door u niet mee te laten slepen in het conflict: leer provocaties te weerstaan door de triggers van uzelf en van uw kind te herkennen en zelf niet te argumenteren, moraliseren, dreigen of schreeuwen.

1.4.2 Principe van de uitgestelde reactie

Om onnodige confrontaties te vermijden en escalatie te voorkomen, is het handig gebruik te maken van het principe van de uitgestelde reactie. U hoeft niet op iedere eis, klacht, beschuldiging of provocatie van uw kind direct te reageren. Het zou wel eens veel beter kunnen uitpakken als u zichzelf erin oefent uw reactie uit te stellen. Het devies is: 'Smeed het ijzer als het *koud* is!' Ook bij twijfel over de juiste reactie kunt u het beste even niets zeggen of doen. Door een stilte in te lassen krijgt u wat meer tijd om te kalmeren en uw reactie te overdenken en krijgt het woedende kind de gelegenheid 'om 'stoom af te blazen'. Dit is geen teken van zwakte; zwijgen is niet hetzelfde als opgeven.

Kader 1.2 Bladwijzer

Als u wilt, kunt u de stilte en periode van afkoeling met een paar woorden aankondigen, bijvoorbeeld door te zeggen: "Ik vind dit niet acceptabel, ik ga erover nadenken en kom erop terug." Dit moet niet als een dreigement klinken, u stelt alleen een feit vast en kunt rustig de tijd nemen om na te denken en met anderen te overleggen over een adequate reactie. U legt als het ware symbolisch een boekenlegger tussen de bladzijden van het boek (de gebeurtenis) om dit op een later tijdstip weer open te doen als de rust is weergekeerd. Als zoiets een paar keer is gebeurd, gaat uw kind begrijpen dat uw zwijgen niet betekent dat de zaak is afgehandeld. Uw zwijgen maakt duidelijk dat u niet langer ingaat op de uitnodigingen van uw kind om de strijd aan te gaan, wat vele malen effectiever is dan een donderpreek of een 'lik-op-stuk' reactie. Een constructieve stilte betekent evenmin dat u zich voor uw kind afsluit. U gaat op dat moment niet op de gebeurtenis in, maar blijft als ouder aanwezig.

Deze aanpak zal u helpen het vermogen te ontwikkelen om de agressie en provocaties van uw kind te verdragen. Op deze manier kunt u ook beter omgaan met de twee gemoedstoestanden die ouders er vaak toe brengen de strijd op te geven of terug te vechten, namelijk wanhoop en woede. Wanhoop kan leiden tot toegeven 'om de lieve vrede'; woede kan leiden tot een zelfde agressieve reactie als uw kind. De bereidheid aanvallen te verdragen en geweldloos te weerstaan, stelt u daarentegen in staat het geweldloze verzet vol te houden en u niet te laten verleiden tot vruchteloze escalaties. Door de praktische richtlijnen uit deze handleiding te toe te passen zult u steeds beter in staat zijn om uzelf, uw gezin en uw kind te beschermen tegen het extreme gedrag dat uw kind vertoont.

1.5   De aankondiging

Geweldloos verzet is een actieve benadering. Doen is belangrijker dan praten. Heeft u voor geweldloos verzet gekozen, dan is de volgende stap dat u uw plannen zo helder mogelijk duidelijk maakt aan uw kind. U gaat uw kind vertellen dat u bepaalde, expliciet te benoemen gedragingen niet langer accepteert en dat u hier niet langer alleen mee blijft zitten, maar mensen in uw omgeving zult informeren en om hulp zult vragen. Deze openheid is belangrijk: beschuldigt uw kind u ervan dat u het 'verraadt' bij anderen, dan weet u dat u hierover open bent geweest en dat van verraad geen sprake is. De aankondiging betekent voor het hele gezin een keerpunt. Vanaf dit moment heeft u uw plannen uitgesproken en vastgelegd naar uzelf als ouders, naar uw helpers en naar uw kinderen. Na de aankondiging kunnen meerdere vormen van actief verzet ingezet worden, mochten de gedragingen die u in de aankondiging benoemd hebt zich voordoen. Wat u dan kan doen wordt in de par. 1.6 tot en met 1.14 van deze handleiding toegelicht.

1.5.1   Prioriteiten stellen

Het schrijven van een aankondiging begint met het maken van keuzes. U kunt immers niet al het probleemgedrag tegelijkertijd aanpakken. U kunt aan maximaal twee of drie gedragingen weerstand bieden. Op die manier wordt voorkomen dat er *te veel* doelen worden gesteld en ook dat ze *te breed* worden gemaakt. Het is veel haalbaarder om grenzen te bewaken en duidelijk verzet te bieden door niet op alle slakken zou te leggen. Dit kan op zich al veel frustraties en mislukkingen voorkomen. Verder moet het voor zowel ouders als kind glashelder zijn waar het om gaat. Gebruik feitelijke in plaats van oordelende taal. Zeg bijvoorbeeld niet: "We kunnen je gruwelijke mishandelingen niet accepteren!" maar liever: "We kunnen het niet accepteren dat jij je zusje en je moeder slaat." Welke prioriteit de ouders aan de verschillende doelen geven, bepalen ze zelf en benoemen ze in hun aankondiging.

Een praktisch hulpmiddel daarbij is de 'techniek van de drie manden' (Greene 2001).

Bij deze techniek is stap 1 de inventarisatie van onwenselijk en onacceptabel gedrag. In deze stap stelt u een gedetailleerde lijst op van alle gedragingen die u als problematisch ervaart, de zogenaamde waslijst van problemen, ergernissen en zorgen.

In stap 2 worden de gedragingen verdeeld over drie manden. Maak hierbij onderscheid tussen hoofd- en bijzaken door per gedraging te bekijken in welke mand deze volgens u thuishoort.

U kunt ook iedere gedraging op afzonderlijke papiertjes schrijven en vervolgens *letterlijk* in de verschillende manden stoppen volgens de richtlijnen in kader 1.3.

Kader 1.3 De 'techniek van de drie manden'

Rode 'limietmand': 10%
Deze mand is voor storend gedrag dat u ernstig, gevaarlijk, niet-onderhandelbaar acht en waartegen u zich – geweldloos – zult verzetten.

De rode mand is de kleinste mand. Hierin wordt ongeveer 10% van het probleemgedrag geplaatst: maximaal twee à drie specifieke gedragingen. Het betreft het probleemgedrag dat voor geen van beide ouders acceptabel is: gedrag dat het meest storend is en waarbij de veiligheid van de jongere of van anderen in het geding is (bijvoorbeeld geweld, drugsgebruik, kapot maken van materiële zaken).

Het betreft gedragingen die zó belangrijk zijn dat een plan van aanpak echt noodzakelijk is en ook vraagt dat de ouders bereid zijn tijd en energie te steken in het uitvoeren van 'geweldloos verzet'. Dat wil zeggen: een aankondiging te doen, een sit-in te houden, een telefoonronde of andere interventies uit de methode in gang te zetten. Het weigeren van (afgedwongen) diensten zal ook deel uitmaken van het verzet. Deze weigering krijgt vorm door niet langer toe te geven aan dwingend, eisend of dreigend gedrag.

Oranje 'compromismand': 30%
Deze mand is voor storend gedrag waarover u niet in de strijd gaat en dat zich, op een later tijdstip, leent voor overleg en compromissen.

De oranje mand heeft een middenmaat. Hierin komt ongeveer 30% van het probleemgedrag terecht. Het betreft gedrag waaraan ouders zich storen en dat zij graag anders zouden zien, maar dat momenteel niet het meest op de voorgrond staat. Het gaat om gedrag dat er wél toe doet (bijvoorbeeld uitgaan, schoolkeuze, taakverdeling thuis), maar niet de hoogste urgentie heeft. Ten aanzien van deze gedragingen zullen de ouders vanaf nu hoogstens een korte opmerking maken, maar geen discussie aangaan of acties ondernemen. Het gedrag kan op een later tijdstip, als de relatie al wat verbeterd is, een onderwerp van een (gezins)gesprek of overleg met de jongere worden.

Gele 'acceptatiemand': 60 %
Deze mand is voor storend gedrag dat u vanaf nu zal negeren.
De gele mand is het grootst. Hierin komt ongeveer 60 % van het probleemgedrag terecht. Het gaat om gedrag dat wel storend of irritant is, maar niet belangrijk genoeg om er de strijd, laat staan escalaties, voor aan te gaan. Er zijn vele redenen waarom er beter niet gereageerd kan worden. Primair omdat het gedrag niet ernstig genoeg is (in vergelijking met het gedrag in de rode mand), maar bijvoorbeeld ook omdat het gedrag samenhangt met de leeftijdsfase, hoort bij de persoonlijkheid van het kind of niet frequent voorkomt. Soms is er sprake van gedrag dat misschien zelfs acceptabel gevonden zou worden, ware het niet dat de relatie door de hoeveelheid ergernissen zo verstoord is geraakt dat uw tolerantie en incasseringsvermogen sterk verminderd zijn.

Het betekent niet dat het om onbenulligheden gaat. Het kunnen zaken zijn die in uw ogen wel degelijk van (grote) waarde zijn, voor uzelf of voor het leven van uw kinderen (bijvoorbeeld een opgeruimde kamer, op tijd huiswerk maken e. d.). Kiezen om bewust niet te reageren, geeft echter ruimte en kracht. Soms met enige aarzeling, maar vaker met een gevoel van opluchting, zeggen ouders: "Daar gaan we ons niet meer over opwinden, het is de (dagelijkse) strijd niet waard en leidt alleen maar tot verdere verstoring van de relatie." U kunt eventueel een verwachting of lichte vermaning uiten, maar zonder discussie, stemverheffing of escalatie.
Bron: Greene 2001.

1.5.2   De inhoud van de aankondiging

De aankondiging (vaak benoemd als 'brief') is een schriftelijke boodschap waarin ouders op een opbouwende en respectvolle manier weergeven wat ze in hun gezin willen veranderen en welk concreet gedrag ze niet langer zullen aanvaarden. Tegelijkertijd garanderen ze hun zorg en betrokkenheid en maken dus een duidelijk onderscheid tussen de persoon en het gedrag van het kind. De ouders vermelden ook een of meer positieve kenmerken of kwaliteiten van het kind en zijn duidelijk over hun eigen voornemens, namelijk het weer actiever aanwezig zijn in het leven van hun kind en het op geweldloze manier (met zelfcontrole en zonder escalaties) weerstand bieden aan gedrag dat ze niet langer zullen accepteren. Bovendien kondigen ze openheid en transparantie aan door te melden dat ze er niet meer alleen mee blijven zitten en hulp zullen zoeken voor zowel henzelf als voor hun kind.

Kader 1.4 Het formuleren van de aankondiging: opbouw

1. Begin met een positieve opening met enkele oprecht gemeende kwaliteiten van of complimenten aan uw kind.
2. Daarna een duidelijke stellingname tegen geweld: "Het geweld heeft ons leven ondraaglijk gemaakt. We kunnen en willen op deze manier niet langer verder gaan in ons gezin. We zullen alles doen wat in ons vermogen ligt om de situatie te veranderen – behalve je fysiek of verbaal aanvallen. Daarom hebben we het volgende besloten:…"
3. Dan volgt de aankondiging van een verandering van houding en gedrag van de ouders zelf, bijvoorbeeld: "We zullen consequent aanwezig zijn in jouw leven en we zullen niet meer schreeuwen, dreigen of toegeven." [Essentie is het stoppen met eigen aandeel in de escalatiecirkel. Concreet benoemen van het eigen gedrag, dat je niet meer of juist wel zal doen]
4. Gevolgd door een formulering van verzet: "We zullen ons vastbesloten verzetten tegen de volgende gedragingen: …" [zo concreet mogelijk benoemen van de gedragingen uit de rode mand].
   NB. geen voorschritften, dreigementen, geen 'als…dan…' en geen aankondiging van sancties bij overtreding.
5. Hierna het openlijk benoemen van support van andere mensen: "We zullen niet langer alleen met het probleem blijven, maar een beroep doen op vrienden en familie en andere belangrijke personen (liefst concreet bij naam noemen), hen openlijk vertellen wat er aan de hand is in ons gezin en hen vragen om hulp en steun voor ons allemaal."
6. Tot slot nog een positieve boodschap, bijvoorbeeld: "Het is beslist niet onze bedoeling jou eronder te krijgen of controle over je uit te oefenen. Deze boodschap is geen dreigement; we moeten dit wel doen omdat het onze verantwoordelijkheid is als ouders en omdat we van je houden. We hebben er alle vertrouwen in dat we hier samen uitkomen."
7. De brief wordt ondertekend door de ouders.

Dit zijn de basisingrediënten voor de aankondiging. Uiteraard geldt: hoe persoonlijker hoe beter, dus zoek de woorden die passen bij u en uw kind.

1.5.3   Hoe en wanneer doet u de aankondiging?

De aankondiging heeft een ritueel, ceremonieel karakter en kan het beste op een relatief rustig moment worden gedaan. Beide ouders moeten aanwezig zijn om de vastberadenheid en geloofwaardigheid te vergroten. Het ceremoniële karakter kan nog versterkt worden door ook supporters uit te nodigen en/of de aankondiging te doen in aanwezigheid van hulpverleners, leerkrachten of andere betrokken personen.

De presentatie moet helder zijn, maar niet dreigend klinken. Het is aan te bevelen dat de ouder die tot nu toe het meest toegeeflijk is geweest het op zich neemt de aankondiging te doen. Hierdoor wordt de boodschap overgebracht dat de ouders op één lijn zitten en dat er bij hen al een verandering gaande is. Ook is het een goed idee de aankondiging van papier voor te lezen. Hierdoor wordt deze officiëler, wat u als ouders meer in uw kracht zet. Bovendien kunt u uw kind dan de op schrift gestelde aankondiging overhandigen.

Is er op het moment van de aankondiging geen communicatie tussen u en uw kind (bijvoorbeeld als het kind tijdelijk elders verblijft en geen contact wil), betrek dan een derde persoon als bemiddelaar. Deze kan dan namens u de aankondiging doen.

1.5.4 Mogelijke reacties van het kind

De kans is groot dat uw kind op de aankondiging reageert met onverschilligheid, minachting of boosheid. Ook met verwarring, uitlachen of het verscheuren van de brief. Op dit soort reacties reageert u met een vastbesloten stilzwijgen, waarmee u alvast laat zien hoe uw omgang met uw kind er de komende tijd vaak zal uitzien. Ga niet in discussie, maar blijf kalm en vriendelijk aanwezig. Ook als uw kind reageert door onmiddellijk te komen met voorstellen om tot een oplossing te komen, ga dan niet in discussie, maar beperkt u zich tot een vriendelijk: "Dankjewel, we zullen erover nadenken." Als u vreest dat uw kind agressief zal reageren, nodig dan een derde persoon (een vriend of familielid) uit. Dit zal de kans op agressie flink doen afnemen.

Het is goed om u erop voor te bereiden dat de aankondiging doorgaans niet onmiddellijk zal leiden tot gedragsverandering bij uw kind. Het gedrag kan soms zelfs even verergeren. De eerste stap is echter gezet en in uw eigen houding is al iets veranderd.

1.5.5 Hoe verder na de aankondiging?

Zoals eerder vermeld, leidt de aankondiging zelden onmiddellijk tot (blijvende) gedragsverandering bij het kind. Er is dus meer actie nodig. U gaat nu gebruik maken van diverse concrete vervolginterventies van de methode geweldloos verzet: de sit-in, het oplossingsverzoek, weigeren van bevelen, relatiegebaren, het doorbreken van geheimhouding en inschakelen van helpers en bemiddelaars, de telefoonronde, het volgen van uw kind, herstelgebaren en de staking. De interventies worden hierna toegelicht.

1.6   De sit-in

Wanneer uw kind opnieuw gedrag uit de aankondiging (gedrag uit de rode mand) vertoont, dan is het tijd voor een sit-in. Dit is een van de duidelijkste manifestaties van geweldloos verzet. Met een sit-in kunt u uw ouderlijke aanwezigheid kenbaar maken zonder dat de zaak escaleert en u uw zelfbeheersing verliest. Hiermee toont u daadwerkelijk vastbesloten te zijn in uw besluit dit gedrag niet langer te accepteren De uitvoering van een sit-in vraagt een goede voorbereiding. Het is geen 'disciplinaire maatregel', maar een uiting van 'vriendelijk doch besliste' aanwezigheid: 'Wij zijn bezorgd, we zijn hier en blijven hier, we zijn vastberaden om weerstand te bieden aan dit gedrag.'

1.6.1   Hoe verloopt een sit-in?

Ga de kamer van uw kind binnen op een moment dat u schikt. Doe dit niet vlak na het incident, maar een paar uur of zelfs een dag/enkele dagen later. Dit uitstel helpt escalatie voorkomen ('het ijzer smeden als het *koud* is!'). Doe de deur dicht en ga zo zitten dat uw kind niet zondermeer de kamer uit kan. Zeg tegen uw kind: "Wij zijn niet bereid dit gedrag nog langer te accepteren." (Benoem het onacceptabele gedrag concreet.) "We zijn hier om een oplossing voor het probleem te vinden en we verwachten van jou een voorstel tot een oplossing." Dan zwijgt u en wacht de suggesties van uw kind af. U blijft in stilte aanwezig gedurende een vooraf met uzelf afgesproken tijd (bij voorkeur 30–60 minuten; de eerste sit-in kan van kortere duur zijn; indien volgende sit-ins nodig zijn, kunt u de sit-in verlengen).

Komt uw kind met een voorstel, bekijk dat dan positief. Antwoordt uw kind met beschuldigingen ("Het is de schuld van mijn broer."), eisen ("Als jullie een tv voor me kopen hou ik op.") of dreigementen ("Dan loop ik van huis weg"), laat u dan niet verleiden om in discussie te gaan, maar blijf rustig zitten. Discussies brengen een hoog risico van escalatie met zich mee. U kunt kalm zeggen dat wat uw kind zegt geen oplossing is.

Vermijd beschuldigingen, dreigementen, gepreek of geschreeuw. Wacht geduldig en laat u niet provoceren tot een verbaal of fysiek gevecht. Door de tijd, uw zwijgen en het feit dat u in de kamer blijft, wordt de boodschap van ouderlijke aanwezigheid duidelijk overgebracht.

Maakt uw kind een positief gebaar (hoe klein ook), stel hem dan eventueel op een positieve toon wat vragen ter verduidelijking en verlaat daarna de kamer met de mededeling dat het idee een kans verdient. U kunt het voorstel ook direct aanvaarden. Zet in ieder geval niet wantrouwig vraagtekens bij het voorstel van uw kind. Dreig niet dat u weer in de kamer komt zitten als het idee niet in praktijk wordt gebracht. Heeft uw kind dezelfde oplossing al tijdens een vorige sit-in geopperd, dan kunt u antwoorden: "Dat heb je al een keer voorgesteld en dat hielp niet. We hebben nu een idee nodig dat beter werkt."

Als uw kind niet met een idee komt, maakt u de vooraf door uzelf gekozen tijd vol en vertrekt na afloop, zonder te dreigen of te waarschuwen dat u terugkomt. Als u weggaat zegt u: "We gaan nu weer, maar hebben nog geen oplossing gevonden."

Kader 1.5 Aandachtspunten bij de sit-in

- Bepaal van tevoren wat het beste tijdstip is om in de kamer te gaan zitten (u moet voldoende tijd hebben).
- Zeg heel precies waar het u om gaat, bijvoorbeeld: "Wij zijn niet langer bereid te accepteren dat jij je zusje slaat en haar uitscheldt." Te algemeen of vaag geformuleerde zijn ze niet effectief, bijvoorbeeld: "We willen dat je respect voor je zusje toont."
- Als u verwacht dat uw kind met fysiek geweld zal reageren, is het aan te raden dat er één of twee andere mensen in huis (maar niet in de kamer van uw kind) aanwezig zijn. In dat geval zegt u: "We waren bang dat jij geweld zou gebruiken en daarom hebben we X uitgenodigd om ook in huis te zijn."
- Wordt uw kind, ondanks de aanwezigheid van de supporter buiten de kamer, toch agressief, vraag de supporter dan de kamer binnen te komen. Onze ervaring leert dat de aanwezigheid van een derde partij bijna altijd leidt tot het stoppen van het geweld.
- Na afloop van de sit-in pakt u de dagelijkse routine weer op en komt u niet meer terug op de sit-in of de gewenste verandering.

De kans is groot dat uw kind er niet blij mee is dat u zijn kamer binnenkomt. In de volgende paragraaf volgen een paar voorbeelden van veelvoorkomende reacties van kinderen en manieren om daar in de geest van geweldloos verzet mee om te gaan.

1.6.2   Veel voorkomende reacties op een sit-in

Proberen u eruit te jagen

Uw kind kan proberen u uit de kamer te jagen door bijvoorbeeld tegen u te gaan schreeuwen. Zwijgen is het beste wat u dan kunt doen. Dat u niets zegt, is geen teken van zwakheid. Integendeel, het initiatief ligt nu bij u en door te zwijgen laat u zien dat u niet ingaat op de provocaties van uw kind. Mocht uw kind u met fysieke middelen proberen de kamer uit te krijgen, bescherm uzelf dan zonder terug te slaan. Nodig een derde persoon uit als u bang bent dat uw kind gewelddadig zal worden. Als er geen derde aanwezig is en u uzelf niet kunt beschermen, kunt u de sit-in beter beëindigen en deze hervatten als er wel een supporter in huis is. Het is van belang dat u de bereidheid ontwikkelt om een einde te maken aan iedere activiteit die tot geweld leidt. De sit-in beëindigen is geen teken dat u het opgeeft, maar een tactische terugtrekking die u de mogelijkheid geeft terug te komen op een moment dat u beter voorbereid bent.

Voorwaarden stellen

Uw kind kan voorwaarden stellen voor de gewenste verbetering, zoals: "Ik zal doen wat je wilt als je ...... [dit of dat] voor me koopt." Antwoord daarop dat u dit geen acceptabel voorstel vindt. Geef geen redenen voor uw weigering, dat zou tot een discussie leiden. Na dit korte antwoord blijft u weer stil zitten.

Negeren

Door u te negeren probeert uw kind te laten zien dat de activiteit geen effect op hem heeft. Misschien zet hij de televisie aan of doet hij een computerspelletje. Zet in dit geval het apparaat één keer uit. Zet uw kind het apparaat weer aan, dan zet u het niet nog eens uit (dit zou slechts tot escalatie leiden), maar blijft u gewoon in de kamer tot het uur ten einde is. De volgende keer schakelt u zo mogelijk de televisie- of internetverbinding uit voordat u de kamer van uw kind binnengaat. Uw kind kan ook in bed gaan liggen en net doen of het slaapt. Als dit gebeurt, gaat u toch gewoon door met de sit-in. Voor een kind dat doet alsof het slaapt, gaat de tijd erg langzaam. Zelfs als hij echt in slaap valt, moet de sit-in worden voortgezet. Het feit dat uw kind in slaap valt met u in de kamer zou wel eens een eerste signaal kunnen zijn dat de relatie aan het veranderen is.

Gillen om aandacht te trekken

Het doel van dit gedrag is u in verlegenheid te brengen ten opzichte van uw buren. Bent u er bang voor dat dit gebeurt, waarschuw de buren dan van tevoren en leg uit wat u gaat doen. U kunt uw buren een kopie van deze handleiding geven.

Pogingen om u in een woordenwisseling te betrekken

Op deze manier probeert uw kind u terug te krijgen in uw gebruikelijke spraakzame rol. Uw kind kan bijvoorbeeld zeggen dat het niet begrijpt wat u wilt. Alles wat u meer zegt dan nodig voor een korte uitleg zal afbreuk doen aan de effectiviteit van de sit-in.

Met een voorstel komen

Iedere positieve suggestie van de kant van uw kind moet worden geaccepteerd, zelfs al belooft zij alleen 'zijn best te doen'. Is het voorstel eenmaal gedaan, dan verlaat u rustig de kamer. Maakt u zich geen zorgen dat uw kind u mogelijk een niet-gemeend voorstel heeft gedaan om u de kamer te doen verlaten. Als het probleem blijft bestaan, kunt u enige tijd later een nieuwe sit-in houden. Dan is er de volgende keer natuurlijk wel een nieuw en beter idee nodig alvorens u de sit-in beëindigt. Denk er verder ook aan dat veel kinderen hun gedrag veranderen zonder met een voorstel te komen, omdat ze een voorstel beschouwen als toegeven of schuld bekennen. In dat geval veranderen ze liever hun gedrag zonder openlijk mee te werken. Bedenk dat het doel van de sit-in niet is dat u wint, maar dat u blijk geeft van uw ouderlijke aanwezigheid. Het eigenlijke werk wordt gedaan doordat u daar bent, niet door het voorstel van uw kind.

De sit-in zet een verandering in gang bij uzelf en uw kind. Uw kind begint te beseffen dat het u ernst is. Voor uzelf vormt het feit dat u in staat bent de kamer van uw kind binnen te gaan en daar te blijven zonder in een ruzie of een uitbarsting te worden getrokken al het begin van een verandering in de manier waarop u tegen uw eigen bekwaamheid als ouder aankijkt. Veel ouders vertellen dat ze door de sit-in weer het gevoel kregen dat ze ertoe doen en dat ze beseffen dat ze niet machteloos hoeven af te wachten.

Er is nog één belangrijk ding om te onthouden. Het doel van de sit-in is niet dat uw kind zich tijdens deze procedure van zijn aardige kant laat zien. Zelfs als uw kind zich tijdens de sit-in recalcitrant gedraagt, betekent dat niet dat de sit-in niet effectief was. Geef uw kind even de tijd om zijn gedrag te herzien. Nieuwe sit-ins zijn alleen nodig als het probleemgedrag enige tijd na de sit-in blijft zoals het ervoor was.

1.7 Het oplossingsverzoek

Een sit-in is een krachtige interventie die je niet te pas en te onpas kan inzetten. Bij minder ernstig probleemgedrag (gedrag uit de oranje mand of al sterk verminderd gedrag uit de rode mand) kan ook gekozen worden voor een 'oplossingsverzoek'. Dit heeft verwantschap met de sit-in, maar kan gewoon plaatsvinden in de huiskamer en is korter van duur dan een sit-in. Net als bij de sit-in geeft u met deze interventie wel een duidelijke grens aan, zonder voor te schrijven hoe uw kind zich zou moeten gedragen. Vooral bij jongeren leidt opgedrongen gedrag alleen maar tot protest en rebellie. In plaats daarvan vraagt u uw kind om zelf na te denken over een oplossing, bijvoorbeeld: "We zien dat je boos bent, maar vinden het niet acceptabel dat je iets stuk maakt. We verwachten van jou een oplossing om op een andere manier met dit soort situaties om te gaan." Met deze boodschap geeft u duidelijk aan wat u niet accepteert in uw gezin, maar ook dat u erin gelooft dat uw kind in staat is om alternatieven te bedenken.

Ook nu is het belangrijk dat u op elke stap in de goede richting, hoe klein ook, positief reageert. Uw kind heeft hiermee immers verantwoordelijkheid genomen voor zijn eigen gedrag. Dit betekent soms verdragen dat een oplossing van uw kind niet de oplossing is die u het meest wenselijk vindt. Het is echter wel een eerste aanzet tot verandering.

Net als bij de sit-in kan het ook zijn dat uw kind nergens mee komt. Dring niet teveel aan, blijf rustig aanwezig en geef het even tijd. Het kan ook zijn dat uw kind om hulp vraagt. Als het een constructief gesprek wordt, kan dat ook een positieve uitkomst van het oplossingsverzoek zijn. Laat echter het initiatief en de keuze voor een oplossing duidelijk bij uw kind!

1.8 Bevelen weigeren

Bij de sit-in en het oplossingsverzoek vraagt u uw kind om na te denken over zijn gedrag. Dat is belangrijk, maar vraagt ook geduld. Er is echter ook een vorm van verzet waarvoor u geen toestemming of medewerking van uw kind nodig heeft, alleen een eigen wilsbesluit. Het kan zijn dat u door dwingend en eisend gedrag steeds meer voor het karretje van uw kind wordt gespannen of 'om wille van de lieve vrede' eigen activiteiten heeft stopgezet. Hiermee is uw vrijheid van handelen dus sterk ingeperkt. Een krachtig voorbeeld van geweldloos verzet is het besluit om de 'bevelen' die uw kind u geeft voortaan niet meer op te volgen. Dit betekent dat u:

• stopt dingen te doen waartoe u zich gedwongen voelt door uw kind en
• activiteiten weer oppakt waarvan u het gevoel hebt dat ze u 'verboden' werden.

Hiermee realiseert u meerdere doelen.

1. U doorbreekt de gewoonte van automatische gehoorzaamheid.
2. U wordt zich scherper bewust van de vele diensten waartoe u zich verplicht voelt.
3. U vergroot uw vrijheid.

Het weigeren van bevelen gebeurt niet om het kind te straffen, maar om een einde te maken aan uw eigen onvrije gedrag dat in de dagelijkse routine van het gezin geslopen is (bijvoorbeeld uw kind met de auto overal naartoe brengen, ook als dat in feite helemaal niet nodig is, of speciaal eten maken op aparte tijden).

We kunnen aannemen dat deze status quo zich in de loop van jaren heeft ontwikkeld en dat dit geleidelijk aan en nauwelijks merkbaar is gebeurd. Beetje bij beetje hebt u 'geleerd' mee te gaan met de eisen en opdrachten van uw kind en te doen wat het van u vroeg. Tijdens dit proces is uw eigen vrijheid verminderd, terwijl de macht van uw kind maar bleef groeien. Hoe meer u gehoorzaamde, hoe minder rekening met u werd gehouden. Dit proces van toegeven speelt niet alleen bij externaliserende problematiek, maar ook bij internaliserende problematiek. Bij externaliserende gedragsproblemen zal het kind uw medewerking vaak afdwingen met fysieke of verbale agressie. Bij internaliserende problematiek dwingt het kind medelijden en geruststelling af, wat geleidelijk aan leidt tot te sterke aanpassing aan de problematiek en een overbeschermende houding van de ouders.[1]

U zult zich gaan realiseren dat uw medewerking niet geheel uit vrije wil was, maar vaak het gevolg was van expliciete of impliciete dreigementen van uw kind (toegevend escalatiepatroon). Ook zult u zich gaan realiseren dat het effect vaak tegengesteld was aan wat u hoopte te bereiken. Door het besluit om stoppen met u de wet voor te laten schrijven, begint u als ouder weer een stem te krijgen.

---

[1] Voor een uitgebreide beschrijving van geweldloos verzet bij kinderen met angst en dwang: Lebowitz en Omer (2013). *Treating childhood and adolescent anxiety. A guide for caregivers.* Hoboken, Wiley.

Het weigeren van bevelen kan op twee niveaus plaatsvinden.

- Weigeren diensten te verlenen: alle onnodige diensten stoppen die worden afgedwongen of als vanzelfsprekend worden verwacht.
- Taboes doorbreken: activiteiten hervatten die u voordien vermeed vanwege een veto van de kant van uw kind.

1.8.1   Weigeren diensten te verlenen

Begin met het maken van een overzicht van alles wat u voor uw kind doet en stel uzelf de vraag wat u uit vrije wil doet en waartoe u zich gedwongen voelt. U zult merken dat dit lang niet eenvoudig is. Dwang kan subtiele vormen aannemen en de gewoonte van gehoorzaamheid kan zo ingebakken zitten dat het heel natuurlijk voor u is geworden om van alles voor uw kind te doen. Een paar voorbeelden van dingen die ouders besloten niet meer te doen: het kind steeds met de auto naar activiteiten, vrienden, muzieklessen enzovoort brengen; ongezond voedsel kopen of het eten van het kind op een bepaalde manier klaarmaken of opdienen; geld geven voor dure vrijetijdsbestedingen, merkkleding, mobiel bellen, internetten, betaaltelevisie, uitgaan of andere kostbare zaken.

Een dienst weigeren, is niet hetzelfde als het kind straffen. Ze verschillen in opzet en uitvoering, evenals in de boodschap die ze overbrengen:

1. De weigering is niet bedoeld als reactie op bepaald negatief gedrag van het kind, maar een gevolg van het besef van de ouders dat de diensten werden afgedwongen. Stopt u hiermee, zeg dan niet: "Zolang jij je zo gedraagt, doe ik dit niet!" Zeg liever: "Ik heb gemerkt dat ik me er niet goed bij voel om dit voor je te doen en daarom heb ik besloten ermee op te houden."
2. De weigering wordt ook niet weer teruggedraaid na 'goed gedrag' van het kind. Wel staat het de ouders vrij enkele van de diensten (weer) te verlenen, mits zij ervan overtuigd zijn dat er geen sprake meer is van een dreigement van het kind en ze zich niet meer gedwongen voelen.
3. Straf is bedoeld om het kind te veranderen, terwijl het weigeren van diensten bedoeld is om de ouders zelf te veranderen. Meestal zal hierdoor het gedrag van het kind ook verbeteren, maar dit is van secundair belang; waar het om gaat is dat er iets verandert in de aanwezigheid en het gevoel van eigenwaarde van de ouder.

1.8.2   Het doorbreken van taboes

Begin met het maken van een overzicht van de plekken in huis en de levensgebieden waarin uw vrijheid van handelen wordt ingeperkt door verboden van uw kind. Typische voorbeelden van 'taboes' (door het kind opgelegde verboden) zijn: niet de kamer van uw kind in mogen, geen gasten mogen uitnodigen, ingeperkt worden bij het schoonmaken of inrichten van uw huis, niet vrijuit kunnen spreken aan de telefoon, uw kind geen vragen mogen stellen over school of vrienden, of vrienden niet mogen aanspreken.

Misschien hebben vrienden of familieleden in de loop der jaren al eens opmerkingen gemaakt hoe u zonder een krimp te geven de opgelegde beperkingen bent gaan aanvaarden. Nadat u besloten heeft welke taboes u aan wilt pakken, kunt u vrienden en familie informeren en steun zoeken. Het valt te verwachten dat uw kind op uw poging taboes te doorbreken, reageert met dreigementen, geweld of heftige beschuldigingen. Geef hier niet aan toe en weersta alle provocaties. Op de pogingen van uw kind u ertoe te bewegen uw beslissing terug te draaien, reageert u door kalm te blijven, vol te houden en eventueel uw steunnetwerk in te schakelen. U kunt zo nodig aanvullend elke passende interventie toepassen, zoals een sit-in, telefoonronde, volgen, de publieke opinie mobiliseren enzovoorts.

Zowel voor het weigeren van diensten als voor het doorbreken van taboes geldt: kondig uw besluit rustig aan, dreig niet, vermijd het geven van een uitvoerige toelichting, verdedig uzelf niet en laat u niet verleiden tot discussie. Dat leidt alleen maar tot escalatie. U kunt deze concrete veranderingen in uw eigen gedrag ook al benoemen in de eerder besproken 'aankondiging'.

Ouders die beginnen met het doorbreken van taboes merken al snel dat hun gevoel van eigenwaarde toeneemt en dat ze zich weer gaan voelen zoals ze eigenlijk zijn. Wanneer u duidelijk ervaart dat u stevig genoeg in uw schoenen staat om zelf te bepalen of u aan een wens van uw kind tegemoet wilt komen, kunt u opnieuw bekijken of er bepaalde diensten zijn die u nu wél weer bereid bent te leveren. Daarbij is het van belang dat u zich afvraagt: 'Wil ik dit echt zelf?' en: 'Zou ik me vrij voelen er weer mee op te houden als ik dat wil?'

1.9   Relatiegebaren[2]

Wanneer het lange tijd zeer moeilijk is gegaan in huis, valt het niet mee om nog aardig te zijn tegen je kind. Tevens zijn er door de vele conflicten steeds minder gelegenheden voor het beleven van leuke momenten. Een belangrijke stap in het doorbreken van deze neerwaartse spiraal is expliciet onderscheid maken tussen de persoon en het gedrag. Naast acties gericht op 'verzet' tegen onacceptabel gedrag is het dus van belang om ook bewust aandacht te besteden aan herstel van het contact. Het voorkomen van escalaties en het stoppen met straffen en uiten van woede en dreigementen is niet voldoende. *Geweldloos* verzet betekent ook: 'respect tonen voor de ander'. Je moet je realiseren dat geen mens alleen maar slecht is. Gebaren van respect, verzoening en liefde maken de positieve stemmen in 'het parlement van

---

[2] In de eerste druk werd gesproken van 'verzoeningsgebaren'. Nu is gekozen voor een term die beter uitdrukt wat bedoeld wordt, namelijk het onvoorwaardelijk investeren in de relatie en niet 'verzoening' in de zin van 'goedmaken'. Zo kan ook geen verwarring ontstaan met 'herstelgebaren' (zie par. 1.13 verderop in de handleiding).

de geest' sterker en creëren een situatie waarin de kans op medewerking groeit. Om positieve interacties te stimuleren, wordt gebruik gemaakt van de kracht van relatiegebaren. Deze helpen de relatie met uw kind weer te verbreden, zodat die relatie niet langer alleen nog uit conflicten bestaat. Uit onderzoek naar escalatieprocessen blijkt dat door op relatieherstel gerichte gebaren de wederzijdse agressie afneemt en de relatie verbetert. Relatiegebaren zijn geen beloning. Het zijn *onvoorwaardelijke* uitingen van liefde en zorg, aangeboden op initiatief van de ouder, onafhankelijk van het gedrag van het kind en zonder enige verwachting tot tegenprestaties. Ze geven u de mogelijkheid uw liefde voor uw kind te tonen. De boodschap luidt: 'Ik doe dit omdat ik om je geef, omdat ik je de moeite waard vind. Ik kan je niet dwingen het te aanvaarden, ik kan het alleen aanbieden'. Dit staat u niet in de weg om op andere momenten door te gaan met kalm en vastbesloten verzet. Echter, hoe moeilijker de situatie, des te belangrijker is het om bewust te denken aan gebaren en acties die bijdragen aan herstel van de relatie.

Kader 1.6 Voorbeelden van relatiegebaren:

Mondeling of schriftelijk uiting geven aan uw waardering en respect voor uw kind en voor de talenten en kwaliteiten van uw kind
U kunt bijvoorbeeld respect betuigen voor de vastberadenheid van het kind en zelfs zijn vechtlust. Door deze kwaliteit expliciet te erkennen, neemt u bij uw kind deels de noodzaak weg om deze te bewijzen.

Extraatjes, zoals lievelingseten maken of een symbolisch cadeautje geven
Doe dit zonder verwachtingen. Het gaat om het gebaar dat uw wilt maken, niet om de (directe) reactie van het kind. Het kan zijn dat uw kind het lievelingseten laat staan of het cadeautje negeert. Laat het in zo'n geval bij de mededeling dat u het voor haar hebt klaargemaakt/gekocht, maar dat zij zelf moet weten of ze het wel of niet accepteert.

Een gezamenlijke activiteit voorstellen
U kunt voorstellen om samen naar de film te gaan, een lekkere strandwandeling te maken of iets anders te ondernemen wat uw kind leuk vindt en vroeger misschien gewend was met u te doen. Wees niet teleurgesteld als uw kind niet mee wil. Uw kind mag weigeren zonder dat dit hem wordt kwalijk genomen.
Een bijzonder soort relatiegebaar is dat u spijt betuigt over uw eigen agressieve reacties uit het verleden. Dit wordt een herstelgebaar genoemd (in par. 1.13 van deze handleiding wordt dit toegelicht).

Kortom, een relatiegebaar is nooit een teken van onderdanigheid of omkopen, maar een positief gebaar dat uit vrije wil wordt gemaakt. Aan dit positieve 'extraatje' moeten geen verplichtingen kleven: uw kind beslist of en hoe hij ze accepteert. Een extraatje is nooit een duur cadeau (zoals een reisje naar het buitenland) of iets wat uw kind eist in ruil voor het verbeteren van zijn gedrag. Iets repareren wat uw kind in een woedeaanval heeft vernield, is echter wél een goed idee. Het herstellen van het voorwerp wordt dan symbolisch voor het verlangen jullie relatie te herstellen. Wees niet bang dat uw kind u zwak zal vinden. Sterk zijn is niet het doel. Doel is om als ouder uw aanwezigheid en betrokkenheid te tonen.

Het is heel goed mogelijk dat uw kind uw relatiegebaren in eerste instantie zal afwijzen. Misschien betekent dit niets anders dan dat hij eraan gewend is al uw voorstellen bij voorbaat al af te wijzen of misschien is hij zelf bang om zwak over te komen. Ga gewoon door met relatiegebaren zonder deze aan uw kind op te dringen. Een kind kan bijvoorbeeld een lekker hapje weigeren dat zijn moeder voor hem heeft klaargemaakt, wat later uit de ijskast verdwijnt. 'Officieel' heeft uw kind het dan geweigerd, maar de boodschap is toch aangekomen.

1.10   Het geheim doorbreken: helpers, bemiddelaars en de 'publieke opinie' inschakelen

Een zeer belangrijk aspect van geweldloos verzet is dat u anderen betrekt bij wat er bij u thuis gaande is. Geheimhouding is een van de hoofdkenmerken van gezinnen met huiselijk geweld. De ervaring leert dat zolang die geheimhouding wordt volgehouden het geweld ook voortduurt. Dit wordt in wetenschappelijk onderzoek ook keer op keer bevestigd.

Veel ouders hebben de behoefte hun problemen geheim te houden om de familie-eer en goede naam van hun gezin te beschermen en te voorkomen dat het kind wordt gestigmatiseerd. Hierdoor kan het gezin echter afgesneden raken van steun en in een isolement raken. Uw kind heeft evenmin baat bij de geheimhouding. Het is diep van binnen niet trots op zijn destructieve gedrag. Het levert echter teveel macht op om er zomaar mee te stoppen. Onthoud daarom goed: de beste stap op weg naar het effectief stoppen van geweld is dat u uw geheim met anderen deelt en de hulp van buitenstaanders inschakelt.

Het is geen gemakkelijke beslissing om u tot vrienden en familie te wenden en hen van uw geheim op de hoogte te brengen. Het is goed mogelijk dat u om deze stap te kunnen zetten veel schroom en schaamte moet overwinnen. Heeft u echter eenmaal de moed verzameld voor deze stap, dan zult u zien dat mensen positief reageren op uw vraag om hulp en dat het effect ervan ook afstraalt op uw kind. Uw gevoel van eigenwaarde wordt hierdoor groter en de situatie van uw gezin wordt veiliger. De mensen die u inschakelt, kunnen op verschillende manieren helpen: door u bevestiging en aanmoediging te geven en door uw kind te laten weten dat ze u steunen in uw verzet, maar ook door de bereidheid om als bemiddelaar op te treden en uw kind uit zijn isolement te halen. Daarnaast kunnen ze ook praktische steun geven, zoals het aanwezig zijn bij de aankondiging of de sit-in, als logeeradres dienen voor broers en zussen enzovoorts.

Vraag de mensen die u op de hoogte heeft gebracht telefonisch, per brief of e-mail contact met het kind te zoeken. Het helpt om hen een kopie van deze handleiding te geven. Vraag hen uw kind te vertellen dat ze op de hoogte zijn van de situatie en dat het gedrag waar het om gaat (concreet omschreven) niet acceptabel is. Als er sprake is van geweld, jegens uzelf, broers en zussen of eigendommen, kunt u hen vragen om tegen uw kind te zeggen dat zijn gedragingen als 'huiselijk geweld' kunnen worden gedefinieerd en dat ze vastbesloten zijn u als ouder te helpen een einde aan het geweld te maken.

Deze eerste stappen zullen uw kind duidelijk maken dat, wat het doet, niet langer privé is, maar dat er mensen op de hoogte zijn van de thuissituatie en bereid zijn om te helpen. Vergeet niet dat het geschreven woord een middel is met een eigen kracht. Heeft u familieleden of vrienden die ver weg wonen en aan wie uw kind gehecht is, dan kunnen telefoontjes, brieven en e-mails van deze mensen een sterk effect hebben. Door deze reacties zal uw kind gaan begrijpen dat u er niet langer alleen voor staat. Deze kennis is vaak al voldoende voor een aanzienlijke afname van het geweld.

1.10.1 Bemiddeling

Het erbij betrekken van derden opent nieuwe perspectieven. Eén daarvan is bemiddeling. Meestal is er onder uw vrienden en familieleden wel iemand die een goed contact met uw kind heeft of kan opbouwen. Deze persoon kan voorstellen doen voor compromissen die, waren ze direct van uzelf afkomstig geweest, een grote kans hadden, te worden verworpen.

De bemiddelaar kan het kind stimuleren om bijvoorbeeld weer naar huis terug te keren als hij uit protest is vertrokken. Ook draagt de bemiddelaar bij aan het verminderen van het isolement van het kind. Vooral in crisissituaties waarin het kind zich afsluit, het contact verbreekt of wegloopt is het inschakelen van een bemiddelaar een cruciale stap om verdere escalatie tegen te gaan en een brug naar herstel van contact te vormen.

In par. 1.11 wordt nog een andere categorie mensen genoemd die als bemiddelaars kan optreden: de vrienden van uw kind en hun ouders.

1.10.2 Documentatie van problematisch gedrag

De vastberadenheid van ouders blijkt nog het meest uit het feit dat ze steunfiguren toelaten in het gezin. Supporters vormen een bron van hulp en fungeren tevens als 'publieke opinie' die het voortduren van geweld tegengaat. Een belangrijk middel om hier concreet vorm aan te geven, is het vastleggen van gebeurtenissen. Dat werkt twee kanten op: het dekt gewelddadig gedrag niet langer toe én het haalt de fijne momenten en positieve kanten van uw kind weer naar boven. Dit laatste is belangrijk. Een kind dat alleen maar kritiek krijgt, sluit zich af en zal niet gemotiveerd raken voor medewerking.

Het is de bedoeling dat u een concrete beschrijving van het gedrag maakt: de situatie, wat er gezegd en gedaan werd en de reacties van de personen die aanwezig waren.

Het is belangrijk om de supporters bij dit 'logboek' te betrekken. Het is niet bedoeld om uw kind te schande te zetten, maar om uw bezorgdheid te delen. Dit wordt dan ook wel een 'campagne van bezorgdheid' genoemd. Informeer uw supporters (bij voorkeur schriftelijk) en vraag hen om uw kind te laten weten dat ze de op de hoogte zijn (zowel bij positieve als negatieve gebeurtenissen). De helpers kunnen laten merken dat ze geloven in zijn vermogen om het probleem aan te pakken. Zij kunnen aanbieden te helpen zoeken naar mogelijkheden om de situatie en het gedrag te veranderen. Suggereer dat ze ook contact met uw kind zoeken als er positieve gebeurtenissen hebben plaatsgevonden.

1.11 De telefoonronde

De telefoonronde is een manier om ouderlijke aanwezigheid te tonen wanneer uw kind te laat thuiskomt, weigert te vertellen waar hij is of van huis wegloopt. Het houdt in dat ouders systematisch telefonisch contact opnemen met een lijst van contactpersonen van uw kind. Deze interventie heeft een aantal doelen:

1. het tonen van uw ouderlijke aanwezigheid en concretiseren van uw reacht en ouderlijke verantwoordelijkheid om toezicht op uw kind te houden;
2. het achterhalen waar uw kind verblijft (ook in het kader van veiligheid);
3. het mobiliseren van collectieve bezorgdheid en invloed op uw kind om naar huis te komen;
4. en tenslotte uw kind ook weer thuis te krijgen.

Zoals uit de volgorde van de doelen kan worden opgemaakt, is het weer thuis krijgen van uw kind niet het belangrijkste doel van de telefoontjes. Ook al komt uw kind niet direct naar huis, dan bent u er toch in geslaagd te laten zien dat u als ouders aanwezig bent en is het u gelukt om op een geweldloze manier te tonen dat u zich verzet tegen de afwezigheid van uw kind. Tegelijkertijd kunt u uw netwerk van steun uitbreiden.

Zelfs als u er niet in slaagt uw kind te lokaliseren, brengt u met ieder telefoontje de boodschap over: "We zijn je ouders. Je bent belangrijk voor ons en we geven jou niet op!" Met de telefoonronde maakt u duidelijk dat u heeft besloten om de problemen in uw gezin niet langer toe te dekken en om met uw zorgen uit uw isolement te treden. Door met verschillende mensen in contact te treden en uw bezorgdheid als ouder te tonen, geeft u bekendheid aan uw bedoelingen en maakt u duidelijk dat uw strijd geweldloos van aard is. Wees niet verbaasd als andere ouders die zich in dezelfde situatie bevinden warme belangstelling tonen voor waar u mee bezig bent.

1.11.1 Het verzamelen van informatie

U begint met het verzamelen van telefoonnummers en adressen van de vrienden en kennissen van uw kind en zo mogelijk van de uitgaansgelegenheden die het bezoekt. Dit kan door leerlingenlijsten van de school te bekijken, de vrienden van uw kind om hun telefoonnummer te vragen of zelfs te zorgen dat u de nummers uit het geheugen van de mobiele telefoon van uw kind krijgt als u vreest dat uw kind zich met criminele activiteiten bezighoudt. Het is niet vreemd als u zich afvraagt of u hiermee niet te ver gaat in het schenden van de privacy van uw kind. Laat u leiden door wat uw gevoel u zegt over de mate waarin uw kind in gevaar is. Hoe groter dit gevaar, des te meer ouders gerechtvaardigd zijn om in de privésfeer van hun kind te treden, want veiligheid gaat altijd boven privacy (zie ook par. 4.1.1).

1.11.2 Het bellen

De telefoonronde houdt in dat u systematisch de mensen en locaties van uw lijst belt. Het is belangrijk om zo veel mogelijk nummers op de lijst te bellen en niet alleen te bellen naar die plekken waar uw kind vermoedelijk is. U wilt immers niet alleen weten waar uw kind zich bevindt, maar ook een boodschap van bezorgdheid en ouderlijke aanwezigheid overbrengen. Bellen naar de mobiele telefoon van uw kind zal dan niet echt helpen. Door alleen een rechtstreeks telefoontje met uw kind te plegen en niet naar andere mensen laat u in feite slechts merken dat u nog niet de moed heeft om anderen te betrekken en open te zijn over de zorgen in uw gezin.

Is het al laat, dan is het misschien niet het moment om de telefoonronde te houden. Stel deze dan uit tot de volgende dag of avond. Protesteert uw kind dan dat hij al thuis is en dat er geen reden is om hem in verlegenheid te brengen door zijn vrienden te bellen, dan kunt u antwoorden dat u toch belt, omdat u wilt laten weten dat u de dag ervoor bezorgd was en niet wist waar hij was.

1.11.3 Praten met de vrienden of vriendinnen van het kind

U stelt zich aan de vrienden en vriendinnen voor, vertelt dat uw kind niet thuis is gekomen en dat u erg ongerust bent en hem zoekt. Vraag of de vrienden uw kind hebben gezien, over eventuele plannen hebben gehoord of enig idee hebben waar uw kind zou kunnen zijn. Vraag de vrienden om ook aan uw kind door te geven dat u zich zorgen maakt en hem zoekt en of vraag of de vrienden hem kunnen vragen om contact met u op te nemen. Probeer de vrienden te ontmoeten als uw indruk is dat zij bereid zijn u te helpen. Uw netwerk van steun bevat dan ook enkele van de vrienden van uw kind. Deze vrienden kunnen soms ook als bemiddelaars optreden en op cruciale momenten helpen met de-escaleren. Ook als vrienden niet erg toeschietelijk zijn, is de kans groot dat ze uw kind wel zullen vertellen dat u gebeld heeft. Vraag aan het eind van het gesprek met de vriend of vriendin ook een van de ouders aan de telefoon.

1.11.4   Praten met de ouders van een vriend(in)

U stelt zich voor, vraagt de ouders of ze uw kind onlangs nog hebben gezien en vraagt of ze uw kind niet zonder uw expliciete toestemming bij hen thuis willen laten overnachten. Als de ouders aardig en meelevend reageren, kunt u ook voorstellen om elkaar eens te ontmoeten. Het netwerk van ouders dat op die manier ontstaat, kan heel belangrijk worden. Soms kunnen deze ouders ook als bemiddelaar optreden. Zij kunnen soms aan belangrijke informatie komen als uw kind van huis wegloopt of zij kunnen dan tegen hun eigen kind zeggen: "Dit is geen grapje, ze is weggelopen. Je moet me helpen, zodat ik zijn ouders kan helpen hem te vinden…" Kinderen die op die manier om hulp gevraagd wordt, werken vaak wel mee.

1.11.5   Praten met de eigenaren en medewerkers van uitgaansgelegenheden

U kunt hen vragen te kijken of uw kind zich in hun etablissement bevindt en aan uw kind te vertellen dat u naar hem op zoek bent.

Er bestaat een kans dat u er al bellend achterkomt waar uw kind is. Dat maakt een andere interventie mogelijk namelijk: het 'volgen' van uw kind.

1.12   Volgen

Uw kind 'volgen' of 'op de staart zitten' (Eng.: *tailing*) betekent dat u uw kind ook buitenshuis opzoekt en heeft zowel als doel schade te voorkomen, als het contact met uw kind te herstellen wanneer het uw ouderlijk toezicht probeert te ontlopen. In plaats van op escalerende wijze op weggloopgedrag te reageren met uitsluiting, bijvoorbeeld door de voordeur op slot te doen of niet meer met uw kind te praten, toont u hiermee uw vastberadenheid om aanwezig te blijven in het leven van uw kind en niet op te geven.

Net als bij de andere interventies van geweldloos verzet zal uw kind proberen zijn ouders te weerhouden van deze acties. Uw kind zal ofwel het conflict aangaan of pogingen doen om het contact nog verder te verbreken. Reageer op deze reacties door vast te houden aan uw beslissing om provocaties te weerstaan en niet te reageren. En ga rustig door met uw plan om aanwezig te zijn in het leven van uw kind. Zeg steeds opnieuw tegen uzelf: "We laten ons niet provoceren en zullen niet opgeven!"

1.12.1   Wanneer is het volgen van uw kind kan een goede interventie?:

1. *Het kind loopt van huis weg.* Kinderen die weglopen, proberen meestal bij een vriend of familielid een toevluchtsoord te vinden. Een andere mogelijkheid is dat ze zich aansluiten bij een groep hangjongeren. Uw kind zal waarschijnlijk niet verbaasd zijn u te zien komen. Het zal waarschijnlijk wel protesteren of boos worden.
2. *Het kind komt 's avonds niet op de afgesproken tijd thuis of verdwijnt overdag gedurende lange perioden.* In tegenstelling tot van huis weglopen, wat uitzonderlijk is, komt het met de regelmaat van de klok voor dat kinderen te laat thuiskomen en overdag niet laten weten waar ze zijn. Kinderen beschouwen het vaak als een 'fundamenteel recht' om weg te blijven, vooral als ouders langdurig niet in staat waren hen van weggaan te weerhouden. Hierdoor is de kans groot dat uw kind in deze situatie wel verbaasd of diep beledigd is als u hem opzoekt (bijvoorbeeld op de 'hangplek') en nu ook heftiger reageert.
3. *Het kind verkeert in risicovol gezelschap.* Verkeerde vrienden zijn een van de meest zekere voorspellers van ontsporing. Dan loopt het kind het risico om bijvoorbeeld drugs te gaan gebruiken, te spijbelen of delinquent gedrag te gaan vertonen.

Kader 1.7 Wat kunt u doen als u uw kind vindt?
1. Vraag uw kind met u mee naar huis te komen en zeg dat u hem niet zult straffen.
2. Vermijd ruzies en discussies. Probeer zo min mogelijk te zeggen op de plek waar uw kind zich bevindt.
3. Vermijd alles wat tot escalatie zou kunnen leiden, bijvoorbeeld uw kind hardhandig vastpakken en in de auto zetten.
4. Volg uw kind zo lang mogelijk.

Het succes van de interventie ligt ook nu niet in het feit dat u uw kind thuis krijgt, maar in het tonen van uw ouderlijke aanwezigheid én uw vastbeslotenheid om op de hoogte te willen blijven van het doen en laten van uw kind.

1.12.2   Het kind volgen als het bij een vriend thuis is

U belt aan en zegt dat u bent gekomen om uw kind mee te nemen naar huis. Vertel dat u niet van plan bent hem te straffen, maar dat u wel graag wilt dat hij met u meekomt. Krijgt u een ontwijkend antwoord of weigert uw kind aan de deur te komen, zeg dan dat u op hem wacht. U kunt de vriend of de ouders vragen of u binnen mag wachten. Wordt u niet binnen gevraagd, bel dan iedere tien minuten opnieuw aan en vraag uw kind met u mee naar huis te komen. Als u wel binnen mag komen: stel uzelf voor, leg uit dat u zich zorgen maakt over uw kind en vraag eventueel naar telefoonnummers.

1.12.3   Het kind volgen als het op straat rondhangt of op een feestje of in een uitgaansgelegenheid vertoeft

Benader uw kind en zeg dat u wilt dat hij met u mee naar huis komt en dat hij geen straf zal krijgen. Als hij wegloopt (wat niet vaak voorkomt), ren dan niet achter hem aan. Maak dan gebruik van de gelegenheid kennis te maken met zijn vrienden. Stel uzelf voor, vraag hun namen en telefoonnummers (als u uitlegt dat het alleen voor dringende zaken is, geven kinderen vaak hun nummer wel) en leg uit waarom u zich zorgen maakt om uw kind. Als u het gevoel heeft dat dit zinloos is, omdat dit nu net die 'verkeerde vrienden' van uw kind zijn, denk er dan aan dat deze kinderen ook niet allemaal hetzelfde zijn. Zij kunnen en willen u in sommige omstandigheden misschien juist enorm goed helpen. Als deze kinderen zeggen dat u zich geen zorgen hoeft te maken, omdat ze allemaal hetzelfde doen als uw kind en er niets ergs gebeurt, kunt u bijvoorbeeld antwoorden: "Ik ken mijn kind goed en ik weet dat ze zichzelf niet zo goed in de hand heeft. Misschien hebben jullie jezelf beter in de hand dan hij." De meeste kinderen zullen het met dit oordeel eens zijn (kinderen denken vaak dat ze zichzelf beter in de hand hebben dan de anderen). Als uw kind jonger is dan de anderen kunt u zeggen: "Misschien zijn jullie volwassener. Hij is pas veertien!" Zo'n gesprek kan hulp uit onverwachte hoek opleveren. Sommige van deze kinderen kunnen een heel belangrijke bemiddelende rol gaan spelen. In een aantal gevallen waarbij wij betrokken waren, hielpen vrienden die op deze manier waren ingeschakeld een weggelopen kind weer naar huis te krijgen.

1.12.4   Het kind volgen als het van huis is weggelopen en zich heeft aangesloten bij een groep probleemjongeren of bende

In dit geval moet u bereid zijn uw kind langere tijd te volgen. In een van de gezinnen die bij ons in behandeling was, verbleven de ouders drie dagen in de buurt van het strand waar de jongeren bivakkeerden alvorens hun dochter, die al een maand van huis was, besloot met hen mee naar huis te gaan.

Naar de plek toegaan waar uw kind is, vergt moed en het kan helpen om een vriend of familielid (of ouders van andere kinderen uit dezelfde vriendengroep van uw kind) mee te vragen ter ondersteuning. Dit vermindert niet alleen het risico van escalatie, de derde aanwezige kan zo nodig ook bemiddelen.

1.13 Herstelgebaar

Het is belangrijk voor een goede persoonlijkheidsontwikkeling dat kinderen leren hoe een proces van 'goedmaken' en herstel van de relatie verloopt. Volwassenen moeten hen stap voor stap stimuleren in het nemen van verantwoordelijkheid voor hun leven, ook wanneer ze fouten hebben gemaakt of wanneer er door hun toedoen schade is aangericht (fysiek of psychisch). Wanneer zij niet leren om verantwoordelijkheid te nemen, wordt de afstand tussen 'dader' en 'slachtoffer' (en de rest van de groep) alleen maar groter en neemt de verdraagzaamheid over en weer af.

Ieder mens begaat in zijn leven fouten, maar:

> Wie een fout gemaakt heeft
> en die niet rechtzet,
> begaat een tweede fout
> *Confucius*

Dit geldt zowel voor uw kinderen als voor uzelf als ouders. De bereidheid om zelf ook herstelgebaren te maken, is kenmerkend voor de houding van ouders die kiezen voor geweldloos verzet, waarin gezagsfiguren niet langer alwetend en almachtig zijn, maar beseffen dat ouders zelf ook fouten maken en bereid zijn deze te herstellen. Door zelf het goede voorbeeld te geven, kan uw kind de kracht van herstelgebaren ervaren en verdient u als gezagsfiguur het recht om uw kind in dezelfde richting te leiden. Herstelgebaren vormen een belangrijke interventie na negatief gedrag van uw kind. Anders dan bij het traditionele straffen, zorgt het herstelproces ervoor dat ouders en kind aan dezelfde kant staan en niet tegenover elkaar.

Een kind kan ook een herstelgebaar doen naar de persoon die door hem beledigd of aangevallen is. Die persoon kan een ander kind zijn (een broertje of zusje, een klas- of groepsgenoot), maar ook een familielid, leerkracht of andere volwassene. Het kind biedt zijn excuus aan, toont oprecht berouw en verzint een positieve symbolische actie om de schade letterlijk en figuurlijk te vergoeden. Hierna kun je weer verder met elkaar.

Deze interventie heeft als doel om de positieve krachten in het kind te versterken, hem waarden en normen te leren en hem de kans te geven zijn reputatie te herstellen. Het slachtoffer voelt zich hierdoor ook serieus genomen en beschermd, en de wederzijdse betrokkenheid tussen dader en de groep als geheel herstelt, waardoor uitstoting en verdere 'radicalisering' wordt tegengegaan.

Twee elementen zijn belangrijk bij het maken van herstelgebaren:

1. het gebaar moet een concrete actie inhouden;
2. degene die verantwoordelijkheid en initiatief neemt, is de volwassene: het kind wordt uitgenodigd om mee te doen, maar niet gedwongen.

U bewaakt de dunne lijn tussen vernedering en constructieve schaamte waarop een herstelgerichte actie is gebaseerd. Een afgedwongen "Zeg dat het je spijt!" leidt vaak tot niets anders dan een geforceerde en niet-gemeende actie. Beter kunt u het even tijd geven of zelf het goede voorbeeld geven. Mocht uw kind niet bereid zijn tot een herstelgebaar kunnen ouders dit zelf namens hun kind doen en daar de supporters en uw kind van op de hoogte stellen.

Herstelgebaren vormen een waardevol alternatief voor straffen. Straf heeft als doel af te schrikken, terwijl herstel als doel heeft het integratieproces te bevorderen. Door uw kind deze optie te geven, stelt u niet alleen een grens, maar spreekt u ook het vertrouwen uit dat het kind in staat is tot positief gedrag en geeft u het kind de mogelijkheid de fout én de relatie met de ander te herstellen.

Kader 1.8 Voorbeelden van herstelgebaren

- oprecht spijt betuigen in aanwezigheid van alle betrokkenen
- een excuusbrief schrijven en persoonlijk overhandigen
- een klein geschenk geven (een tekening, een symbolisch voorwerp, een zelfgebakken taart)
- vervanging voor hetgeen beschadigd of kapot gemaakt is of dit zelf repareren
- een (gedeeltelijke) financiële vergoeding (soms aangevuld door de ouders)

1.13.1 Het proces van herstel

Begin niet direct na een incident over goedmaken, maar doe dit pas wanneer de rust is weergekeerd, ofwel 'smeed het ijzer als het koud is'. U komt later terug op de situatie en zegt: "We vinden het belangrijk dat je na … [tijdstip, gebeurtenis] … het weer goedmaakt. Als je iets (of iemand) hebt beschadigd, dan moet dat worden hersteld. Heb je een idee wat je zou kunnen doen om het goed te maken? We zijn er om jou hierbij te helpen."

Het kan zijn dat uw kind beweert dat het niet zijn schuld was of dat de ander begon. Ouders vertellen dan rustig dat boos worden mag, maar een ander pijn doen of iets stuk maken niet. Ze bieden aan om na het herstelgebaar te willen helpen bij het oplossen van het conflict met het andere kind (bijvoorbeeld het treiteren van een broertje), maar dat hij eerst een herstelgebaar moet bedenken. Als uw kind niks verzint, kunnen ouders wat voorstellen doen. Uw kind moet er niet alleen voor staan. De gedeelde verantwoordelijkheid maakt dat uw kind zich niet aangevallen, maar juist ook gesteund kan voelen en dat maakt de kans van slagen groter.

Kinderen zijn echter niet altijd bereid om mee te werken. In dat geval kunnen ouders of verzorgers besluiten een herstelgebaar te doen namens het kind. De ouderlijke aanwezigheid wordt versterkt door de boodschap: "We zijn hier voor jou, we voelen ons als ouders verantwoordelijk voor jou en voor wat je doet, dus we hebben geen andere keus dan iets te doen voor de persoon die schade heeft geleden. We zouden dit graag samen met jou doen, maar als jij niet meewerkt dan doen we het zelf. We gaan ... doen en zullen dit ook namens jou doen. Dit is onze verantwoordelijkheid als ouders." Op deze manier geeft u het goede voorbeeld en leren uw kinderen hoe je fouten kan herstellen. In sommige situaties kunt u als ouders besluiten dat uw kind wél een passende financiële bijdrage levert (bijvoorbeeld door een deel van het zakgeld in te houden). Als u vastberaden hiermee aan de slag gaat (zonder preken, boos worden op het kind enzovoorts.) gebeurt het regelmatig dat de jongere alsnog meewerkt.

In veel gevallen kan ook een positief resultaat bereikt worden door steunfiguren om hulp te vragen. Zij kunnen dan contact opnemen met uw kind: "Je ouders hebben me verteld over gebeurtenis ... Ik bied je aan om samen met jou te zoeken naar een goede oplossing voor de situatie. Dat is niet alleen goed voor ... [naam van het slachtoffer], maar ook voor jouzelf. Dan zien ze jouw aardige kanten weer en zullen ze ook weer aardiger tegen jou doen. We kunnen een keer afspreken. Ik stel voor dat we er allebei over nadenken en over een paar dagen bel ik je weer. Misschien heeft een van ons beiden tegen die tijd een goed idee." Door uw kind tijd te geven, wordt vaak een opening gevonden. Blijft uw kind weigeren, dan kunnen de helpers ook de ouders ondersteunen in het vinden van een passend herstelgebaar.

Na uitvoering van het herstelgebaar laat u weten blij te zijn dat 'de schade hersteld is.' Daarna wordt er niet meer op teruggekomen.

1.14 De staking

Het moment voor de interventie die we 'staking' noemen, is aangebroken na een bijzondere crisis, bijvoorbeeld nadat uw kind is thuisgebracht na weggelopen te zijn, wanneer uw kind voor het eerst een van de ouders heeft geslagen, wanneer het vanwege criminele activiteiten door de politie is opgepakt of wanneer een hele reeks van acties van geweldloos verzet geen of te weinig effect heeft op verbetering van de gezinssituatie. Ouders 'staken' hun gebruikelijke taken (werk, opvoeding) en vragen zo veel mogelijk supporters om mee te denken en hen te helpen een oplossing voor de situatie te vinden. In tegenstelling tot de sit-in (max. 1 uur) neemt de staking langere tijd in beslag (van enkele uren tot meerdere dagen). De staking wordt uitgevoerd in aanwezigheid van zo veel mogelijk helpers en het hele huis wordt ervoor gebruikt.

De staking dient als overgangsritueel. Het is een actie die markeert dat het gezin zich op een keerpunt bevindt en dat ouders en de aanwezigen dit zo belangrijk vinden dat ze daar aandacht en tijd aan willen besteden. Het is dus tevens een ritueel, een gebeurtenis met een symbolische en praktische betekenis. Na afloop van de staking voelen ouders, familieleden en vrienden zich vaak minder machteloos en reageren ze krachtiger op negatief gedrag van uw kind.

1.14.1   Het verloop van een staking

Ter voorbereiding op de staking dient u:

1. Al uw andere verplichtingen af te zeggen (ook uw werk).
2. Te regelen dat zo veel mogelijk vrienden, familieleden en bekenden van het kind (zoals leerkrachten, jongerenwerkers, de vrienden van uw kind en hun familie) meedoen.

   Uw uitnodiging aan hen kan bijvoorbeeld als volgt luiden: "We doen een beroep op je om ons te helpen in verband met iets vervelends wat bij ons deze week is gebeurd (geef een gedetailleerde beschrijving van de gebeurtenis). Daarom gaan we drie dagen (of een andere tijdsduur die haalbaar is en toch voldoende lang) thuis zitten en nodigen we vrienden, familie en andere mensen die om ons kind geven uit om bij ons langs te komen en te helpen een oplossing te vinden. Het is heel belangrijk voor ons dat je komt."

   Mochten sommige van de mensen die u uitnodigt twijfels hebben over de staking, zeg dan: "We doen dit omdat we heel erg bezorgd zijn dat het nog steeds niet beter gaat met ons kind. We proberen ideeën te verzamelen en hulp te organiseren voordat het te laat is." De mensen die langskomen worden hierdoor getuigen en helpen de gebeurtenis gewicht te geven.

   De krachtige boodschap voor uw kind is dat de situatie niet kan blijven zoals deze nu is. Ook kunnen de gasten praktische tips geven en bemiddelen. Sommige gasten kan worden gevraagd of ze ook bereid zijn om praktische hulp te bieden, bijvoorbeeld met huiswerk, werk voor de jongere te vinden of hem emotionele steun geven. Het is een goed idee als de vrienden en familie iets lekkers meenemen of bij het gezin thuis koken. Het meebrengen of klaarmaken van voedsel is een basale manier om steun te betuigen. Mensen die niet kunnen komen, kan worden gevraagd hun steun te geven door telefonisch contact met de ouders en het kind te hebben of door het kind een e-mail te sturen. Op die manier kunnen ook familieleden en vrienden die ver weg wonen meedoen.
3. Het huis klaarmaken. Er moet voldoende eten zijn voor drie dagen, de gasten moeten kunnen worden ontvangen en er moeten plannen worden gemaakt om te voorkomen dat het kind wegloopt.

   Een cruciaal element van de staking is dat deze aan zo veel mogelijk mensen bekend wordt gemaakt. De heftige gebeurtenis die tot de staking leidde of de zorgen over het voortduren van ernstig gedrag van uw kind rechtvaardigt het feit dat u rigoureus breekt met de jarenlang volgehouden geheimhouding. Dit breken met de geheimhouding betekent een diepgaande verandering in de levensomstandigheden en draagt bij aan de effectiviteit van de staking.

   De staking markeert een volgende fase in het gezin. Het breken met de geheimhouding zal niet alleen op uw kind, maar vooral ook op uzelf een heel sterk effect hebben.

De staking kan beginnen op een moment dat uw kind en een paar helpers (twee of drie) aanwezig zijn. Het is een goed idee om ook een van de vrienden of andere vertrouwenspersonen van uw kind uit te nodigen. Hun aanwezigheid zal de polarisatie helpen verminderen die kan optreden als er alleen mensen aanwezig zijn die in de ogen van uw kind aan uw kant staan. U kondigt de staking als volgt aan bij uw kind: "We hebben besloten drie dagen te staken om een oplossing te vinden voor de situatie die is ontstaan door … [beschrijf wat er speelt]. Tijdens deze drie dagen zullen we allemaal thuis zijn en bezoek krijgen van verschillende mensen die ons komen helpen. We verwachten dat jij ook thuis blijft. We gaan je geen uitbranders geven en ook niet straffen. Het gaat ons er niet om jou te straffen. Dat is niet ons doel. Ons doel is een manier te vinden om ons gezin uit deze moeilijke situatie te krijgen." Wanneer deze boodschap niet direct kan worden overgebracht, schakelt u hiervoor een bemiddelaar in.

Net als bij de sit-in probeert u te voorkomen dat uw kind het huis verlaat, echter zonder fysieke of emotionele dwang. Lukt het uw kind toch om het huis uit te komen, dan gaat de staking gewoon door en begint u een uitgebreide telefoonronde. Is eenmaal bekend waar uw kind zich bevindt, dan gaat u uw kind opzoeken (een van de ouders in gezelschap van minstens één van de helpers). In het geval van een alleenstaande ouder is het wenselijk dat ten minste één van de helpers thuis achterblijft en bij de gasten blijft zitten.

Weigert uw kind te praten met de gezinsleden of de gasten, dan gaat de staking gewoon door; bezoekers groeten uw kind bij binnenkomst en bij vertrek, en laten briefjes met hun boodschap achter. Het is een goed idee dat de gasten kleine, symbolische cadeautjes meenemen voor uw kind (een kaart, bloemen of snoep). Het is niet de bedoeling dat de gasten tegen de wil van uw kind om contact maken. Mocht uw kind u beschuldigen van dwang, geweld, vernedering of verraad, dan antwoordt u (zelf of via bemiddelaars): "Het is niet onze bedoeling jou te vernederen. Ook zijn we niet van plan je eronder te krijgen. We doen dit alleen omdat we niet verder kunnen met de situatie die is ontstaan." Bezoekers moeten zo eenvoudig en beknopt mogelijk hun steun betuigen voor de actie van de ouders. Eventuele bemiddelaars moeten proberen de kloof tussen het kind en de ouders te overbruggen zonder een van beide partijen de schuld te geven. Ideeën die door de bemiddelaar worden geopperd, moeten worden besproken door u en degenen die u steunen en, als het kind hiermee instemt, door het kind en iemand die het kind vertrouwt.

Is het einde van de staking aangebroken, dan moeten dreigementen of waarschuwingen aan het adres van uw kind uitblijven. Er wordt een schriftelijk verslag van de gebeurtenis gemaakt dat onder alle deelnemers wordt verspreid. Dit verslag is geen contract dat uw kind moet tekenen, maar een bekrachtiging van dit overgangsritueel. De bezoekers wordt gevraagd de komende tijd regelmatig telefonisch contact met het gezin en het kind te onderhouden. Het is niet de bedoeling van nu af aan iedere keer als uw kind zich misdraagt zo grootschalig te reageren; daarvoor zijn er de gebruikelijke stappen van geweldloos verzet. Dankzij de staking zult De ervaring leert dat u deze stappen dankzij de staking consequenter kan volhouden en er meer steun van buitenaf voor krijgt.

1.15 Conclusie

Geweldloos verzet met behulp van de in deze handleiding beschreven interventies geeft u als ouders weer de kracht om op een vastberaden, maar strikt geweldloze manier weerstand te bieden aan negatief gedrag zonder u te laten meeslepen in conflicten. U krijgt op deze manier uw stem als mens en als ouders terug. Hoe dit kan, valt het beste te begrijpen als u zich realiseert dat geweldloos verzet niet zomaar een verzameling technieken is, maar dat het gaat om een geheel van onderling met elkaar samenhangende handelingen die voortkomen uit een verbindende filosofie en mensvisie, die elkaar onderling versterken. Het effect van het proces is cumulatief en ligt in de onderlinge samenhang tussen de gebruikte interventies en boodschappen, en de attitude eraan ten grondslag ligt.

Centraal staat het concept van de 'ouderlijke presentie': "We zijn en we blijven je ouders, we kunnen je niet dwingen, maar we geven je nooit op." Naast het vastberaden verzet is het op onorthodoxe wijze blijven investeren in de relatie een ander kernaspect van deze aanpak. Ouders worden ook gestimuleerd om zich te verzekeren van brede steun in hun eigen netwerk. Verankerd in hun netwerk gaan zij zich op de-escalerende wijze verzetten tegen het destructieve gedrag. Het accent ligt niet meer op het onder controle krijgen van het gedrag van het kind, maar op het gedrag van de ouders zelf. Deze moderne vorm van ouderschap verenigt het belang van een goede ouder-kindrelatie en een heldere gezagsrol van ouders. Het gaat om begrenzing vanuit *verbinding met als* motto: 'er is geen weg naar een goede relatie, een goede relatie is de weg'.

Kader 1.9 Overzicht van de uitgangspunten en interventies en hun onderlinge samenhang

- U bent meer 'aanwezig'.
- U kondigt uw beslissing aan dat u de huidige situatie niet langer accepteert.
- U blijft kalm en reageert niet meer op provocaties.
- U geeft niet meer toe aan de eisen van uw kind.
- U houdt 'sit-ins'.
- U verbreekt het geheim en organiseert steun.
- U vraagt de mensen die u steunen om uw kind te laten weten dat ze op de hoogte zijn van zijn gedrag.
- U vraagt de steungroep om uw kind ook te steunen.
- U vraagt hen soms te bemiddelen.
- U vraagt hen steun en eventuele opvang te bieden aan broers/zussen.
- U investeert onvoorwaardelijk in de band met uw kind en maakt regelmatig relatiegebaren.
- U bent ook meer aanwezig in het leven van uw kind buiten het gezin door middel van telefoonrondes en door uw kind buitenshuis op te zoeken.
- U vraagt steun bij de vrienden van uw kind en hun ouders.
- U stimuleert uw kind om schade aan anderen te herstellen.
- U gaat zo nodig in 'staking' en zorgt daarbij voor voldoende support.
- U houdt vol!

Al deze activiteiten versterken elkaar. Door uw bereidheid om u aan deze taak te wijden, maakt u uw kind en uzelf duidelijk dat uw rol als ouders onherroepelijk is veranderd. De sleutel tot succes bestaat uit een vastberaden besluit om geweldloos verzet de hoogste prioriteit te geven en de keuze om – in onze ervaring – ongeveer drie tot zes maanden intensief met dit project bezig te zijn. Het gevoel dat er een grote inspanning geleverd moet worden om de gewenste verandering te bereiken, zal geleidelijk aan afnemen doordat u zelf gaandeweg nieuwe gewoonten aanleert en u zich minder machteloos gaat voelen. Geleidelijk aan zult u uw neiging om toe te geven overwinnen en minder heftig op provocaties reageren. Zelfs als uw kind probeert terug te grijpen op de middelen die hij in het verleden gebruikte, zult u anders reageren dan vroeger. Dit zal een fundamentele verandering teweegbrengen in de sfeer thuis en in de relatie tussen u en uw kind.

Om deze verandering te bereiken, is het van essentieel belang dat u niet onmiddellijk resultaat verwacht. Ouders die verwachten dat hun kind na één of twee sit-ins zijn gedrag totaal zal veranderen zullen teleurgesteld worden. Na deze eerste investering zult u echter vaak wel de eerste tekenen van verandering gaan zien bij uw kind. U vraagt zich misschien wel eens af of deze verandering fundamenteel en blijvend zal zijn. Dat is niet erg, die twijfel houdt u scherp. De echte verandering vindt namelijk plaats bij u. U bent het die leert anders te handelen, denken en voelen. Hoe meer ervaring u krijgt met het toepassen van geweldloos verzet, des te minder destructief zal het gedrag van uw kind en uzelf zijn.

U moet wel voorbereid zijn op de reacties van uw kind. Het zal de macht waaraan het gewend is geraakt niet zomaar opgeven. Integendeel, het kind zal zijn uiterste best doen om u ervan te overtuigen dat uw inspanningen niet alleen tevergeefs zijn, maar zelfs averechts werken. Uw kind zal proberen u zover te krijgen dat u opnieuw opgeeft of uw zelfbeheersing verliest. Bedenk dan dat opgeven en nieuwe conflicten een flinke stap terug zouden betekenen. Laat u vooral niet verleiden om verbaal of fysiek agressief te worden. Eén uitbarsting betekent een ernstige terugval en vergt langdurig herstelwerk. Uw kind zal alle middelen inzetten die in het verleden werkten. Maakte hij u bang met heftige dreigementen, provoceerde hij u tot eindeloze discussies of maakte hij met zijn beledigingen dat u uw zelfbeheersing verloor, probeerde hij uw medelijden op te wekken of zorgde hij ervoor dat u altijd ongerust was, dan zal hij dat weer doen. Bedenk dan het volgende:

- Niet toegeven of uw zelfbeheersing verliezen, maakt dat het escalatieproces niet wordt gevoed en uitdooft.
- Extreem gedrag houdt uw kind niet lang vol; hoe heftiger de reactie, hoe sneller die reactie ook weer voorbij zal zijn.
- Gebruik de steun van anderen om het vol te houden en aan uw kind te laten zien dat u niet toegeeft.

Ten slotte nog dit: een tovermiddel is geweldloos verzet niet. Verwacht niet dat uw kind ineens met veel plezier naar school gaat, uit zichzelf een aanrecht vol afwas doet, braaf iedere dag zijn huiswerk maakt of oefent op zijn muziekinstrument, altijd beleefd en gehoorzaam zal zijn. Geweldloos verzet is echter wel een krachtig antwoord op agressief en zelfdestructief gedrag.

Bijlage 1: Handleiding voor gezinnen met kinderen en/of ouders met een verstandelijke beperking

Geweldloos verzet en licht verstandelijke beperking (LVB)

Geweldloos verzet is goed toepasbaar in gezinnen met kinderen[1] en/of opvoeders[2] met een verstandelijke beperking. Om het goed begrijpelijk te maken voor deze gezinnen, zijn aanpassingen van de methode nodig. In deze bijlage zijn de aanpassingen verwerkt in een voor deze doelgroep ontwikkelde 'Handleiding voor opvoeders'.[3]

Geweldloos verzet in uw gezin

Wanneer een kind gedragsproblemen heeft, is het vaak moeilijk om te begrijpen waar dit gedrag vandaan komt. Zo zijn er kinderen met woede-uitbarstingen of kinderen die schelden, liegen, niet naar school gaan, stelen, chanteren, dreigen, drugs gebruiken, provoceren en/of geweld gebruiken. Het is niet eenvoudig te achterhalen of dat gedrag te maken heeft met de verstandelijke beperking van het kind, de psychiatrische problemen en/of de manier waarop de opvoeders en het kind met elkaar omgaan. Gelukkig hoef je dat ook niet te weten om er toch wat tegen te kunnen doen.

Uw kind heeft naast zijn verstandelijke beperking ook gedragsproblemen. Soms kan het gedrag van uw kind zo ernstig zijn dat u niet meer op een prettige manier

---

[1] Waar 'kind' of 'kinderen' vermeld staat worden kinderen en jongeren bedoeld.

[2] Waar 'opvoeders' staat worden ook ouders, pleegouders en verzorgers bedoeld.

[3] Overeenkomstig de oorspronkelijke 'Handleiding voor ouders', H. 3 in dit boek.

Door C.L.M. van Vliet, kinder- en jeugdpsychiater, K.C. Dekker, speltherapeut en collega's van De Banjaard, in het bijzonder I.C.M. van Klink en W. van Nus.
De Banjaard is expertisecentrum voor kinderen en jongeren met psychiatrische problematiek en een licht verstandelijke beperking in Den Haag.
Met dank aan E. Wiebenga, klinisch psycholoog-psychotherapeut (Lorentzhuis, centrum voor systeemtherapie, opleiding en consultatie in Haarlem), voor haar aanvullingen.

H. Omer, E. Wiebenga, *Geweldloos verzet: Handleiding voor ouders,*
DOI 10.1007/978-90-368-1019-7,
© 2015 Bohn Stafleu van Loghum, onderdeel van Springer Media BV

met elkaar onder één dak kunt wonen. Soms weet u niet meer hoe u het ongewenste gedrag van uw kind kunt stoppen en voelt u zich machteloos.

De methodiek van geweldloos verzet gaat ervan uit dat het niet uitmaakt waar het gedrag vandaan komt, maar richt zich op het sterker en minder machteloos maken van de opvoeders. De opvoeders leren zich te verzetten tegen het ongewenste gedrag zonder dat er ruzie van komt. Het doel van de methode is dat de relatie tussen de opvoeders en het kind verbetert.

Conflicten tussen opvoeders en kind kunnen hoog oplopen. Deze conflicten worden ook wel escalaties genoemd. Er zijn twee soorten escalaties.

A. Opvoeders en kind gaan steeds harder tegen elkaar schreeuwen, misschien zelfs slaan of schoppen ('symmetrische' escalatie, ook wel 'wederzijds vijandige' escalatie genoemd).

B. Opvoeders geven toe aan eisen van het kind om 'de lieve vrede' te bewaren ('complementaire' escalatie, ook wel 'toegevende' escalatie genoemd).

Soms is bij de ene ouder vooral sprake van de 'wederzijdse' escalatie en bij de andere ouder vooral van de 'toegevende' escalatie. Ouders kunnen ook heen en weer geslingerd worden tussen de verschillende escalaties en onderling ruzie krijgen over de beste manier van reageren (zie fig. B.1 en B.2).

Geweldloos verzet helpt u om deze escalaties te stoppen. Het is een manier om uw kind te laten merken dat u niet langer op deze manier door zult gaan. U wilt er alles aan doen om de situatie te veranderen en zult voortaan anders gaan reageren.

Zoals u in onderstaande cirkels ziet, zijn er twee mensen nodig voor een escalatie. Er is echter maar een van hen nodig om de escalatie te stoppen. U zou dit kunnen zijn!

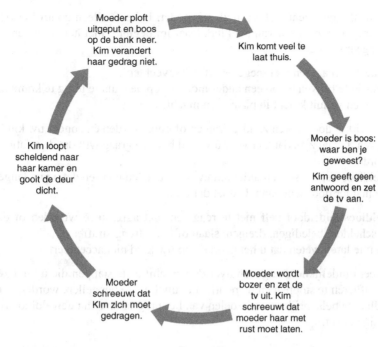

Figuur B.1 Voorbeeld van een symmetrische/ wederzijds vijandige escalatiecirkel

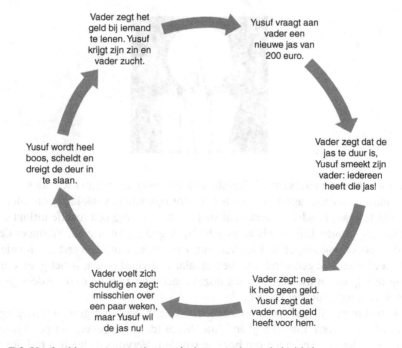

Figuur B.2 Voorbeeld van een complementaire/toegevende escalatiecirkel

Deze methodiek richt zich op u als opvoeder. U heeft alleen controle over uw eigen gedrag, niet over dat van uw kind. Daarom begint u met het veranderen van uw eigen gedrag door:

- niet meer te reageren met toegeven of 'terugvechten';
- zelf rustig te blijven en op een ander moment op de situatie terug te komen;
- te reageren vanuit kracht in plaats van macht.

U kunt de cirkel doorbreken zonder dreigen of boos worden én zonder uw kind zijn zin te geven. U laat zien dat u er voor uw kind bent en graag wilt dat de relatie weer beter wordt.

Geweldloos verzet is een manier om uw kind te laten merken dat u niet langer op dezelfde manier door wilt gaan. U doet dat door:

1. **geweldloosheid**: door zelf niet te reageren met agressieve woorden of daden (niet schelden, beledigen, dreigen, slaan of heel streng straffen);
2. **verzet**: te laten weten dat u het gedrag van uw kind niet accepteert.

Om u meer duidelijkheid te geven over de verschillende stappen die u kunt zetten om de conflicten te stoppen en de relatie met uw kind te herstellen, worden in deze handleiding de belangrijkste onderdelen van het programma van geweldloos verzet op een rijtje gezet.

Uitstellen van reacties

Het doel van deze interventie is het stoppen en voorkomen van escalaties.

Wanneer kinderen agressief zijn is het voor opvoeders vaak lastig om hier goed mee om te gaan. Kinderen merken al snel dat hun gedrag een reactie uitlokt en dat ze hun zin kunnen krijgen als ze nog heftiger gedrag laten zien. Wanneer de opvoeders bozer worden, of de kinderen hun zin geven, dan verergert de situatie. Dit wordt een escalatie genoemd. Om een escalatie te voorkomen, is het goed om zelf rustig te blijven en uw eigen (soms boze) reactie uit te stellen, of anders gezegd: 'Het ijzer smeden als het koud is.'

U hoeft namelijk niet *direct* op iedere eis, klacht, beschuldiging of uitdaging van uw kind te reageren. Rustig blijven is niet hetzelfde als opgeven, het geeft juist aan dat u zich niet laat verleiden om boos te worden. Vervolgens heeft u tijd om na te denken en te overleggen hoe u het beste kunt reageren.

Hoe?

U kunt één keer duidelijk en kort reageren op het gedrag van uw kind. Bijvoorbeeld: 'Ik vind het niet fijn, ik wil dit niet'. Vervolgens reageert u niet meer op het gedrag (smeekbeden, eisen, dreigementen) van uw kind. U zwijgt. Dit is in het begin moeilijk, maar het werkt goed voor het stoppen van conflicten. Op deze manier blijft u als opvoeder aanwezig, maar ontstaat er geen conflict. U laat zien dat u niet opgeeft.

Dit betekent niet dat u alles goed vindt, want op een later moment komt u er op terug. U kunt er bijvoorbeeld op terugkomen door een kort gesprekje als uw kind en uzelf weer tot rust gekomen zijn of door uw kind te stimuleren tot een herstelgebaar. Een van de duidelijkste manieren om later te reageren is door middel van een 'sit-in'. Het 'herstelgebaar' en de 'sit-in' worden verderop uitgelegd.

De aankondiging

Het **doel** van de aankondiging is duidelijk te maken welk gedrag u niet langer kunt accepteren. Dit is het startmoment: u gaat als opvoeder vanaf nu dingen anders doen. Het is niet de bedoeling het kind met deze aankondiging te dreigen, controleren of straffen. U laat als ouder zien dat het uw verantwoordelijkheid is om duidelijke grenzen aan te geven.

Hoe?

U schrijft uw kind een brief. Deze brief wordt een 'aankondiging' genoemd.

* De aankondiging is een vriendelijke brief, waarin duidelijk staat dat u om uw kind geeft, maar ook dat u van plan bent er alles aan te doen om de sfeer thuis te verbeteren.
* U begint de brief op een positieve manier door iets aardigs over uw kind te zeggen of iets waar u trots op bent, bijvoorbeeld "We zijn er trots op dat je zo goed kan voetballen."
* U noemt twee of drie dingen die u niet meer accepteert en wilt stoppen. Om ervoor te zorgen dat uw kind goed begrijpt om welk gedrag het gaat, kunt u plaatjes of pictogrammen gebruiken. Het is belangrijk dat u eenvoudige woorden gebruikt, bijvoorbeeld: "We kunnen niet accepteren dat jij je zusje slaat."
* U schrijft dat u uw eigen gedrag gaat veranderen, bijvoorbeeld: "Ik zal niet meer tegen je schreeuwen."

- U noemt de namen van mensen in de omgeving die u om hulp heeft gevraagd (dit wordt een steungroep genoemd).
- U sluit af met een positieve boodschap van onvoorwaardelijke liefde, bijvoorbeeld: "We houden van je en zullen er altijd voor je zijn."

Wanneer?

U leest de brief op een rustig moment voor, liefst in aanwezigheid van de mensen die gaan helpen, uw steungroep.

Bedenk van tevoren wie de brief gaat voorlezen en waar de aankondiging plaatsvindt. Maak er een officieel en positief moment van.

Wat kan er gebeuren?

- Uw kind kan door de aankondiging heenpraten. U vraagt uw kind te luisteren en leest vastbesloten door, ook als uw kind toch door blijft praten.
- Uw kind kan boos of onverschillig reageren. Het is belangrijk om daar niet op te reageren, maar rustig te blijven en te zwijgen. Hierin laat u zien dat uw besluit niet verandert.
- Uw kind loopt weg. U laat uw kind vertrekken en legt de aankondiging op zijn kamer neer.

Na het voorlezen geeft u de brief aan uw kind. Als u denkt dat uw kind de aankondiging zal verscheuren, kan deze geplastificeerd worden.

De sit-in

Het **doel** van een sit-in is dat u op een rustig moment (wanneer uw kind zich niet meer agressief of boos gedraagt) aan uw kind duidelijk maakt dat u bepaald gedrag niet langer accepteert. Een sit-in is een van de krachtigste vormen van 'verzet', waarmee u laat zien dat u het meent en niet opgeeft.

Wanneer?

Het kind heeft gedrag laten zien dat u in de brief hebt genoemd. Zodra u en het kind zich rustig voelen, kunt u een sit-in houden. Het heeft geen zin om een sit-in te houden als u of uw kind nog boos is. Smeed het ijzer als het koud is! Dit betekent dat er soms een dag of meer tussen het ongewenste gedrag en de sit-in kunnen zitten.

Hoe?

* Bij een sit-in gaat u als opvoeders samen de kamer van uw kind binnen (alleenstaande ouders eventueel met iemand uit de steungroep).
* U doet de deur dicht en gaat zo zitten dat het kind de kamer niet gemakkelijk uit kan.
* U benoemt het gedrag uit de aankondiging en geeft aan dat u dit niet meer accepteert. U zegt bijvoorbeeld: "Wij willen niet dat je je broertje uitscheldt, zoals je gisteren deed."
* Daarna zegt u: "Wij blijven hier zitten, omdat wij een oplossing van je willen horen." Dan zwijgt u en wacht op de voorstellen van het kind. Om de tijd aan te geven, kunt u eventueel een eierwekker of kleurenklok gebruiken.

Blijf rustig zitten en reageer niet op dreigementen (bijvoorbeeld: "Ik sla je in elkaar"), beschuldigingen ("Jullie zien nooit wat mijn broertje doet"), of eisen ("Als ik een computer krijg, dan laat ik hem met rust"). Ga niet met uw kind in discussie, want dit zorgt voor verdere escalatie. Blijf rustig.

Soms is het voor kinderen met een verstandelijke beperking moeilijk om zelf een oplossing te bedenken. Het gaat niet om de perfecte oplossing, maar om het positieve gebaar dat het kind maakt.

Wat kan er gebeuren?

* Wanneer uw kind met een oplossing komt, bijvoorbeeld "Ik zal proberen iets aardiger te zijn", reageert u op een positieve toon en stelt een paar vragen. U bedankt het kind voor de oplossing en verlaat de kamer met de mededeling dat jullie het zo gaan doen.
* Wanneer het kind niets zegt, gaat u na een kwartier weg zonder te dreigen of te waarschuwen dat u terugkomt. U zegt alleen maar: "Jammer, we hebben nog geen oplossing gehoord." Dit betekent niet dat de sit-in is mislukt: uw rustige, vastbesloten aanwezigheid werkt vaak nog lang na en kan later toch tot ander gedrag leiden. Veel kinderen kunnen niet zeggen wat ze anders gaan doen of willen het niet openlijk toegeven, maar denken wel na.
* Wanneer u verwacht dat uw kind agressief zal reageren, kunt u van tevoren één of twee andere mensen vragen om in huis (maar niet in de kamer van het kind) aanwezig te zijn. Op het moment dat het kind agressief wordt, vertelt u dat u iemand heeft uitgenodigd, bijvoorbeeld: "We hebben [oom .../de buurvrouw] uitgenodigd om ons te steunen". Deze persoon hoeft vaak niets te doen, alleen binnen te komen en te zwijgen. In de praktijk helpt dit vaak om het agressieve gedrag te voorkomen.

Uw kind kan verschillende reacties laten zien. Het is goed om hierop voorbereid te zijn, er van te voren over gepraat te hebben met mensen die u steunen en te oefenen met wat u dan kunt doen of zeggen.

Na de sit-in gebeurt het vaak dat het gedrag van uw kind al in de goede richting verandert. Een volgende sit-in houdt u alleen als het gedrag dat u niet accepteert zich weer voordoet.

Bevelen weigeren

Het **doel** van bevelen weigeren is dat u:

* stopt met de gewoonte om uw kind steeds te gehoorzamen;
* zich niet meer door uw kind laat dwingen en zich weer vrij voelt om te doen wat u zelf wilt.

Het is ongewenst dat uw kind thuis de baas probeert te spelen en u dwingt tot bepaalde activiteiten. Er zijn bijvoorbeeld opvoeders die hun eigen vrienden niet meer mogen uitnodigen. Soms moeten opvoeders het kind elke dag naar school brengen, omdat het dreigt anders niet te gaan. Vaak geven opvoeders in de loop der jaren steeds meer toe aan wat een kind wil om ruzies en escalaties te voorkomen. De opvoeder houdt de hele tijd rekening met het kind en vergeet aan zichzelf te denken. Vaak is het echter zo dat hoe meer u rekening houdt met uw kind, des te minder het kind rekening houdt met u.

Het weigeren van bevelen is niet bedoeld als straf. Het betekent ook niet dat u niks meer voor uw kind mag doen. U laat zich alleen niet meer dwingen tot het uitvoeren van bepaalde activiteiten. De weigering is in de eerste plaats bedoeld om uw eigen gedrag te veranderen. U krijgt er meer vrijheid door en u gaat zich minder machteloos voelen. Uw kind zal waarschijnlijk eerst reageren met boosheid en nóg eisender gedrag, maar als u doorzet, wordt dat vanzelf minder.

Wanneer?
Op het moment dat uw kind u dwingt tot bepaald gedrag, bijvoorbeeld naar school brengen of geld geven, dan weigert u dit. Uw kind kan u ook bepaalde dingen verbieden, zoals in zijn kamer komen, vrienden uitnodigen, vrijuit praten met vrienden en familie, vragen stellen over school. Vanaf nu bepaalt u zelf weer wat u wilt doen of vragen.

Hoe?

U kunt samen met mensen die u helpen, uitzoeken welke activiteiten en verboden u zelf niet meer wilt uitvoeren. U maakt deze beslissing op een rustige manier duidelijk aan uw kind en laat u hierbij steunen door een steungroep.

- U zegt dat u heeft besloten om met bepaalde activiteiten te stoppen, bijvoorbeeld: "Ik stop met steeds weer pizza's halen, ik wil dit niet meer doen."
- U zegt dat u weer activiteiten gaat doen die niet meer mochten van uw kind, bijvoorbeeld vrienden uitnodigen.

De kans is groot dat uw kind met agressie reageert. Reageer hier niet op en zwijg. Geef geen uitleg, ga niet in discussie. Belangrijk is dat het weigeren van bevelen geen straf is.

U weigert dus niet iets voor uw kind te doen omdat het zich niet goed gedragen heeft, maar u wilt meer vrijheid voor uzelf. U zult merken dat u zichzelf hierbij prettiger zult voelen.

Relatiegebaren

Het **doel** van relatiegebaren is uw relatie met uw kind te veranderen, uw kind te laten merken dat u om hem geeft en de relatie met uw kind te verbeteren. Door het maken van relatiegebaren voelt uw kind zich meer gewaardeerd en worden de conflicten minder. Of het kind zich nu wel of niet goed gedragen heeft, u laat steeds merken dat u van het kind houdt (bijvoorbeeld door het lievelingseten van uw kind klaar te maken, complimenten te geven of samen een spelletje te doen). De relatie verbetert hierdoor. Relatiegebaren zijn niet hetzelfde als beloningen, omdat u deze gebaren ook maakt als het kind zich niet aan de afspraken heeft gehouden.

Wanneer?

De relatiegebaren zijn geen beloning en volgen dus niet op goed gedrag. Als u gepland had om het lievelingseten van uw kind te maken en die middag is uw kind zeer boos op u, dan maakt u 's avonds toch het lievelingseten van uw kind klaar.

Hoe?

Relatiegebaren zijn extra handelingen die u doet om de relatie met uw kind te verbeteren. U kunt denken aan de volgende gebaren.

- Iets aardigs zeggen tegen uw kind.
- Extraatjes zoals lievelingseten maken of een klein cadeautje geven.
- Met uw kind iets leuks doen, zoals wandelen of naar de film gaan.

Vaak worden de relatiegebaren de eerste paar keer afgewezen of genegeerd door uw kind.

Geef niet op, blijf relatiegebaren maken. Het is belangrijk om ook op een positieve manier aanwezig te blijven in het leven van uw kind.

Zoeken van een steungroep

Het **doel** van het zoeken naar steungroepen is dat je er niet langer alleen voor staat. Het doel is ook het kind duidelijk te maken dat anderen weet hebben van de problemen. Het is niet langer een geheim. We zien vaak dat de problemen alleen hierdoor al minder worden. Het is dus belangrijk dat u anderen laat weten wat er bij u thuis aan de hand is en hen vraagt of zij u én uw kind willen steunen en helpen. Dit is niet gemakkelijk, maar als u eenmaal de moed heeft verzameld om openheid te geven, zult u zien dat mensen positief reageren op uw vraag om hulp.

Wat kunnen de steungroepen doen?

- Aanmoediging geven en meeleven (een luisterend oor zijn voor de ouder en vaak ook voor het kind).
- Praktische hulp bieden (zoals broers of zussen opvangen, een middagje iets doen met uw kind, uw kind helpen zoeken als het weggelopen is, aanwezig zijn bij een sit-in).
- Bemiddelaar zijn. Meestal is er ook wel iemand die uw kind goed begrijpt en een goed contact met het kind heeft. Hij kan helpen oplossingen te bedenken voor u en uw kind samen.

Wie?

- Familie
- Vrienden of kennissen
- Buren
- Ouders van vrienden van uw kind
- Andere mensen uit uw omgeving of de omgeving van uw kind: de wijkagent, de leerkracht, de trainer van de sportclub

Telefoonronde

Het **doel** van de telefoonronde is uw ouderlijke aanwezigheid tonen. U laat zien dat u bezorgd bent en van uw kind houdt. Het eerste doel van de telefoonronde is niet het kind thuis krijgen, maar het tonen van uw ouderlijke verantwoordelijkheid en het kind laten weten dat u het niet met het gedrag eens bent.

Wanneer?

Wanneer u bezorgd bent over uw kind, niet weet waar uw kind is of denkt dat uw kind in een onveilige situatie is, kunt u de telefoonronde inzetten. Bijvoorbeeld als uw kind 's nachts niet thuiskomt, met verkeerde vrienden omgaat, te laat thuis komt, weigert te vertellen waar hij is geweest of naar toegaat, of van huis is weggelopen.

Hoe?

- Het is belangrijk dat u telefoonnummers verzamelt van personen (vrienden, ouders van vrienden, bekenden) waar uw kind kan zijn. Deze nummers kunt u verzamelen door ze aan uw kind te vragen, aan zijn vrienden en door de adressenlijst van school te bekijken. U kunt ook kijken in de mobiele telefoon van uw kind en te kijken in de sociale media waar uw kind zich mee bezighoudt.
- Bel zoveel mogelijk mensen op de lijst op.
- Stel uzelf voor, vertel dat uw kind niet thuis is gekomen en dat u ongerust bent, vraag of ze uw kind gezien hebben of ze zijn plannen kennen, vraag of ze aan uw kind door willen geven dat u hem zoekt en graag wilt weten waar hij is.

Volgen

Het **doel** van het volgen is zicht te houden op uw kind als die niet thuis gekomen is en mogelijk in gevaar is. U probeert op deze manier te voorkomen dat er strafbare activiteiten buitenshuis plaatsvinden en u laat zien dat u, hoe dan ook, contact met uw kind wilt houden.

Wanneer?

U kiest voor 'volgen' als uw kind wegloopt van huis, niet thuis komt 's nachts, overdag gedurende langere tijd verdwijnt, omgaat met verkeerde vrienden (drugs-gebruik, spijbelen) of bijvoorbeeld in contact komt met de politie.

Hoe?

- Als u uw kind vindt, is het niet de bedoeling om het te straffen of te preken. Vraag het kind met u mee naar huis te komen en vermijd ruzies. Pak het kind niet vast en dwing hem niet.
- Blijf uw kind volgen zolang hij buitenshuis is om te laten zien dat u toezicht wilt en zult houden op het doen en laten van uw kind. Ook als uw kind niet met u meegaat, merkt hij dat u bezorgd bent.
- Het is belangrijk dat u het volgen niet alleen hoeft te doen. Maak gebruik van uw steungroep.

Aanmoedigen van herstelgebaren

Het **doel** van het aanmoedigen van herstelgebaren is dat uw kind de kans krijgt om goed te maken wat er mis is gegaan.

Wanneer?
Als uw kind iets gedaan heeft dat niet kan en daarom iets goed te maken heeft met iemand. Bijvoorbeeld als uw kind de leerkracht heeft uitgescholden of iets van een klasgenoot kapot heeft gemaakt. Of als het zijn broertje of zusje geslagen heeft.

Hoe?
Uw kind kan bijvoorbeeld een tekening maken, een briefje schrijven of iets aardigs doen voor het slachtoffer (een cake bakken, een bloemetje kopen, een klusje doen). Het is belangrijk dat u uw kind vraagt het goed te maken en samen een manier bedenkt waarop dat kan. Hierdoor krijgt uw kind de kans om de relatie met het slachtoffer en ook met de andere kinderen te herstellen. Als dit voor het kind nog te moeilijk is, kunt u het ook zelf doen, namens uw kind. Vaak gaat het de keer erna al beter.

Ten slotte, een bijzonder soort herstelgebaar is als u *zelf* spijt betuigt over eigen negatieve reacties. Hiermee kan uw kind de kracht van goedmaken ervaren en bouwt u aan een betere relatie met uw kind.

Staking

Het **doel** van de staking is een oplossing te vinden na een heftige crisis. U wilt met deze belangrijke gebeurtenis aan uw kind duidelijk maken dat u zich niet neerlegt bij het gedrag dat hij heeft laten zien en daar tijd en energie in wilt steken. Ook zult u daar alle hulp bij vragen die mogelijk is. Een staking is niet als straf bedoeld, maar om het hele gezin uit een moeilijke situatie te krijgen.

Wanneer?
U past een staking toe als er sprake is van een crisis na een heftig incident (uw kind is bijvoorbeeld opgepakt door de politie vanwege criminele activiteiten, uw kind is een hele nacht niet thuis geweest, uw kind heeft voor het eerst zijn opvoeder(s) geslagen). U blijft samen met uw kind drie dagen thuis. Daarbij zijn ook de andere familieleden en zoveel mogelijk mensen uit uw steungroep aanwezig. Deze dagen wordt er met elkaar naar een oplossing gezocht. Dankzij de staking kunnen ouders hun verzet ook daarna vaak beter uitvoeren en volhouden.

Hoe?

- U zegt al uw andere afspraken (ook uw werk) af voor drie opeenvolgende dagen.
- U vraagt zoveel mogelijk familieleden, vrienden, buren, bekenden van uw kind mee te doen. U vertelt hen precies wat er is gebeurd en nodigt hen uit om bij u thuis te komen en u en uw kind te helpen bij het vinden van een oplossing.
- Mensen die niet kunnen komen, kunt u vragen om met u en uw kind te bellen of te mailen.
- U maakt het huis klaar. Dit betekent dat u zorgt dat uw kind zich niet in zijn kamer kan opsluiten en dat u een plan maakt om te voorkomen dat uw kind wegloopt. Tevens haalt u voldoende eten in huis voor drie dagen.
- U kondigt de staking aan op het moment dat de eerste helpers er zijn. U kunt het volgende zeggen: "We gaan drie dagen staken om een oplossing te vinden voor de situatie die is ontstaan na … [hier vertelt u precies welk ongewenst gedrag uw kind heeft laten zien]. Deze drie dagen zijn we allemaal thuis en komen er verschillende mensen op bezoek die ons zullen helpen bij het vinden van een oplossing.
- Tijdens de staking blijft u rustig. U wordt niet boos op uw kind, gaat niet straffen, dreigen of preken.
- Tijdens de staking is iedereen ook op een positieve manier aanwezig in het leven van uw kind (relatiegebaren).
- Na afloop van de staking wordt een verslag gemaakt van wat er in de drie dagen gebeurd is. Dit verslag wordt aan iedereen gegeven die bij de staking aanwezig is geweest.

Conclusie

Geweldloos verzet maakt u als opvoeder sterk. U krijgt de kracht om weerstand te bieden en zelf weer beslissingen te kunnen nemen. U voelt zich minder machteloos door verandering in uw eigen gedrag. Hierdoor wordt de kans op verbetering groter. Hoe dit komt, valt het best te begrijpen als u erbij stilstaat dat geweldloos verzet bestaat uit meerdere interventies die met elkaar een krachtig geheel zijn:

- U bent meer 'aanwezig'.
- U kondigt uw besluit aan dat u niet met de huidige situatie verder wilt.
- U blijft kalm en laat u niet meer uitdagen tot ruzies of discussies.
- U geeft niet meer toe aan de eisen van uw kind.
- U houdt 'sit-ins'.
- U verbreekt het geheim en organiseert steun.
- U vraagt aan de mensen die u steunen om aan uw kind te laten weten dat ze op de hoogte zijn van zijn gedrag.
- U vraagt aan de steungroep om ook uw kind te steunen.
- U vraagt hen te bemiddelen.

- U vraagt hen steun en eventuele opvang te bieden aan broers of zussen.
- U investeert onvoorwaardelijk in de band met uw kind en maakt regelmatig relatiegebaren.
- U bent ook meer aanwezig in het leven van uw kind buiten het gezin door middel van telefoonrondes en door uw kind buitenshuis op te zoeken.
- U vraagt steun bij de vrienden van uw kind en hun ouders.
- U stimuleert uw kind om de schade te herstellen die aan anderen is toegebracht.
- U gaat zo nodig in 'staking' en zorgt daarbij voor voldoende support.
- U houdt vol!

Al deze activiteiten versterken elkaar. De sleutel tot succes is een vastberaden besluit om hier heel actief mee aan de slag te gaan.

Ten slotte, het is belangrijk dat u geen onmiddellijk resultaat verwacht. De echte verandering vindt plaats bij uzelf, u zult nieuwe gewoonten aanleren en moeten volhouden. U bent het die anders leert handelen, denken en voelen! Uw inzet bij het toepassen van geweldloos verzet zal ook een gedragsverandering bij uw kind teweegbrengen, ook al gaat daar meestal enige tijd overheen. Het is vooral belangrijk dat u niet opgeeft en u niet laat verleiden om heel boos te reageren of toe te geven, ook al zal uw kind u regelmatig uitdagen en verwachten dat u opgeeft of uw zelfbeheersing verliest. Wees hierop voorbereid en zoek steun, om escalaties te voorkomen. Door u geweldloos te verzetten en er als opvoeder voor uw kind te zijn, zal het gedrag van uw kind veranderen.

U houdt vol, niet omdat u wilt winnen, maar omdat u van uw kind houdt!

Bijlage 2: Brief voor potentiële helpers

Deze brief is een hulpmiddel bij de interventie 'Helpers en bemiddelaars inschakelen'[4]

Geachte…/beste…,

Wij zijn blij dat u bereid bent de familie … [naam familie] te helpen bij hun inspanningen om de sfeer in hun gezin te verbeteren en de ontwikkeling van … [naam kind] in goede banen te leiden. Uw aanwezigheid kan bijdragen aan het verminderen van spanningen tussen de gezinsleden en escalaties helpen voorkomen. U kunt ook daadwerkelijk steun bieden.

Doelen van de ondersteuning
De opvoeding van een kind dat extreem gedrag vertoont, is een zware opgave. Dit vereist veel lichamelijke en geestelijke kracht en leidt bij ouders vaak tot uitputting en machteloosheid. Daarom is het voor ouders van groot belang dat ze een netwerk van helpers om zich heen opbouwen; hierdoor zullen ze zich sterker in hun schoenen voelen staan en zich minder alleen voelen bij het volbrengen van hun moeilijke taak. De ervaring leert dat ouders die zich verzekerd weten van de steun van mensen die het beste met hun gezin voorhebben als opvoeders veel meer bereiken en aankunnen. Ouders schrikken er echter maar al te vaak voor terug om aan familieleden, vrienden of buren te vertellen hoe wanhopig ze zich voelen. Ze denken dat toch niemand hen echt kan helpen of dat het voor hun kind nadelig kan uitpakken wanneer buitenstaanders van de problemen op de hoogte zijn. Ze kunnen ook bang zijn dat het vragen om hulp aantoont dat ze als opvoeders zijn mislukt. Wij vragen u daarom de ouders aan te moedigen uw steun te accepteren.

Wat kunt u als helper betekenen?
Allereerst dit: als u besluit het gezin te helpen, hoeft dit niet per se veel tijd te kosten. U kunt zelf beslissen hoeveel tijd en energie u hiervoor kunt opbrengen.

---

[4] Zie par. 3.10 (Handleiding voor ouders in dit boek).

H. Omer, E. Wiebenga, *Geweldloos verzet: Handleiding voor ouders,*
DOI 10.1007/978-90-368-1019-7,
© 2015 Bohn Stafleu van Loghum, onderdeel van Springer Media BV

Er zijn verschillende manieren van ondersteuning mogelijk, die deels ook kunnen worden gegeven door familie en vrienden die wat verder weg wonen.

Emotionele steun kunt u geven doordat u aan de ouders en het kind laat blijken dat u achter de inspanningen van de ouders staat, de noodzaak ervan onderschrijft en ook het kind wil ondersteunen in dit proces.

Praktische hulp kunt u bijvoorbeeld bieden doordat u contact met het kind opneemt (per telefoon, brief of e-mail), doordat u aanbiedt te bemiddelen tussen ouders en kind of doordat u tijdens een 'sit-in' op de achtergrond aanwezig bent om escalatie te voorkomen.

Als u het gezin gaat helpen, is het wel belangrijk dat u iets weet over 'geweldloos verzet', aangezien de ouders de principes hiervan hanteren om te reageren op de problematische gedragingen van hun kind. In de 'Handleiding voor ouders' wordt deze aanpak beschreven. We raden u aan deze eerst te lezen. Uw rol bestaat eruit de ouders te ondersteunen bij hun pogingen de vicieuze cirkel te doorbreken waarin zij met hun kind terecht zijn gekomen. Het is níet de bedoeling dat u als een soort plaatsvervangende ouder het kind berispt en bijstuurt. Het enige wat u hoeft te doen is het kind duidelijk maken dat u de ouders volgt op de door hen ingeslagen weg en hen daarbij van harte ondersteunt.

Hoe kunt u van dienst zijn?

Allereerst kunt u contact opnemen met het kind en vertellen dat u weet wat er in het gezin speelt en dat de ouders u om steun hebben gevraagd. Het is belangrijk dat u het kind duidelijk maakt dat u op hem/haar *als persoon* gesteld bent, welke positieve eigenschappen het kind volgens u heeft en dat u ervan overtuigd bent dat hij/zij in staat is de huidige moeilijkheden te overwinnen. Benoem echter ook zo concreet mogelijk welke *gedragingen* u onacceptabel vindt en dat u er alles aan zult doen om de ouders te helpen in hun verzet hiertegen. Ga niet preken of beschuldigen, maar vertel wel dat u achter de ouders staat in hun keuze voor de aanpak van geweldloos verzet en dat zij u verder op de hoogte zullen houden van de ontwikkelingen.

Wanneer de ouders laten weten dat er weer iets ernstigs heeft plaatsgevonden, kunt u opnieuw contact opnemen met het kind (rechtstreeks, per telefoon, brief of e-mail) en kunt u vertellen dat u op de hoogte bent van het gebeurde. Herhaal bovenstaande boodschap: dat u zeker weet dat het kind de moeilijkheden zal kunnen overwinnen, maar dat dit gedrag (concreet benoemen) moet ophouden.

Indien u een goede persoonlijke band met het kind heeft, kunt u voorstellen een afspraak te maken om eens te praten over de gebeurtenissen thuis. Wanneer het kind daarin toestemt, kunt u later misschien ook als bemiddelaar fungeren of samen met het kind naar oplossingen zoeken. Het kind zal zich daardoor, net als de ouders, minder geïsoleerd voelen. Bedenk bij het zoeken naar compromissen wel dat het de ouders zijn die bepalen of een voorstel acceptabel is.

Wanneer er sprake is van geweld tegen broers of zussen kunt u ook met deze kinderen contact opnemen en ze hulp aanbieden. In overleg met de ouders kunt u eventueel aanbieden dat de broers of zussen bij u kunnen logeren.

Wat vaak als ondersteunend wordt ervaren, is dat u het gezin bezoekt wanneer er sprake is van gesprekken of situaties die uit de hand zouden kunnen lopen. Alleen uw aanwezigheid al zal de spanning doen verminderen en eventueel geweld voorkomen. Elk bezoek maakt de ouders sterker, doordat zij ervaren dat ze er niet alleen voor staan.

U kunt ook behulpzaam zijn bij een praktische taak van ouders, namelijk het toezicht houden op het doen en laten van hun kind. 'Ouderlijke aanwezigheid' geeft de beste garantie op afname van gewelddadig en risicovol gedrag van kinderen. U kunt het kind vertellen dat de ouders geen andere keus hebben dan op te komen voor het welzijn van hun kind door met hem/haar in contact te blijven. Als de ouders niet weten waar hun kind is, kunt u ze ook helpen met zoeken.

Ten slotte: beperk uw bezoeken aan het gezin niet tot de moeilijke momenten. Toon ook interesse voor de dingen die goed gaan in het leven van het kind. Het is van groot belang dat de helpers een positieve band met het gezin hebben, ook om het besef van het kind te versterken dat het 'gezien en begrepen' wordt en niet in het strafbankje is gezet.

Een ontmoeting tussen ouders en helpers

Deze brief is een korte introductie op de belangrijke rol die helpers kunnen vervullen in het programma van 'geweldloos verzet'. Graag willen we u uitnodigen voor een bijeenkomst van ouders en helpers, waarin u verdere toelichting zult krijgen en vragen kunt stellen.

.... [datum, tijd en plaats]

Het doel van deze ontmoeting is een netwerk van helpers te creëren, waardoor ouders en kind zich gesteund voelen bij het verbeteren van hun gezinsleven.

Uw aanwezigheid zal zeer worden gewaardeerd.

Met vriendelijke groet,

.... [naam therapeut(en)]

Literatuur

Adler, N. A., & Schutz, J. (1995). Sibling incest offenders. *Child Abuse and Neglect, 19,* 811–819.

Alon, N., & Omer, H. (2006). *The psychology of demization; promoting acceptance and reducing conflict.* Mahwah: Lawrence Erlbaum Associates.

Alpert, J. (1991). *Sibling, cousin, and peer child sexual abuse: Clinical implications.* Paper presented at the 99th Annual Convention of the American Psychological Association, San Francisco, Calif.

Bank, S., & Kahn, M. (1982). *The sibling bond.* New York: Basic.

Bass, E., & Davis, L. (1988). The *courage to heal: A guide for women survivors of child sexual abuse.* New York: Harper & Row.

Bates, J. E., Petit, G. S., Dodge, K. A., & Ridge, B. (1998). Interaction of temperamental resistance to control and restrictive parenting in the development of externalizing behavior. *Developmental Psychology, 34,* 982–995.

Baumrind, D. (1971). Current patterns of parental authority. *Developmental Psychology Monographs, 4*(1, Pt. 2).

Baumrind, D. (1991). Effective parenting during the early adolescent transition. In P. A. Cowan & E. M. Hetherington (Red.), *Family transitions* (pag. 111–163). Hillsdale: Lawrence Erlbaum.

Bennett, J. C. (1990). Nonintervention into siblings' fighting as a catalyst for learned helplessness. *Psychological Reports, 66,* 139–145.

Bohman, M. (1996). Predisposition to criminality: Swedish adoption studies in retrospect. In G. R. Bock & J. A. Goode (Red.), *Genetics of criminal and anti-social behavior, Ciba Foundation Symposium 194* (pag. 99–114). Chichester: Wiley.

Boney-McCoy, S., & Finkelhor, D. (1995). Psychosocial sequelae of violent victimization in a national youth sample. *Journal of Consulting and Clinical Psychology, 63,* 726–736.

Borduin, C. M., Cone, L. T., Barton, J. M., Henggeler, S. W., Rucci, B. R., Blaske, D. M., & Williams, R. A. (1995). Multi-systemic treatment of serious juvenile offenders: Long-term prevention of criminality and violence. *Journal of Consulting and Clinical Psychology, 63,* 569–578.

Bugental, D. B., Blue, J. B., & Cruzcosa, M. (1989). Perceived control over care-giving outcomes: Implications for child abuse. *Developmental Psycholog, 25,* 532–539.

Bugental, D. B., Blue, J. B., Cortez, V., Fleck, K., Kopeikin, H., Lewis, J., & Lyon, J. (1993). Social cognitions as organizers of autonomie and affective responses to social challenge. *Journal of Personality and Social Psychology, 64,* 94–103.

Bugental, D. B., Lyon, J. E., Krantz, J., & Cortez, V. (1997). Who's the boss? Accessibility of dominance ideation among individuals with low perceptions of interpersonal power. *Journal of Personality and Social Psychology, 72,* 1297–1309.

Burla-Galili, T. (2001). *Sibling abuse and distress of siblings in families characterized by parental helplessness.* M.A. thesis, Department of Psychology, Tel Aviv University (in Hebrew).

Cadoret, R. J., Cain, C. A., & Crowe, R. R. (1983). Evidence for gene-environment interaction in the development of adolescent anti-social behavior. *Behavior Genetics, 13,* 301–310.

H. Omer, E. Wiebenga, *Geweldloos verzet: Handleiding voor ouders,*
DOI 10.1007/978-90-368-1019-7,
© 2015 Bohn Stafleu van Loghum, onderdeel van Springer Media BV

Caffaro, J. V., & Conn-Caffaro, A. (1998). *Sibling abuse trauma*. New York: Haworth Press.

Cairns, R. B., Santoyo, C. V., & Holly, K. A. (1994). Aggressive escalation: Toward a developmental analysis. In M. Potegal & J. F. Knutson (Red.), *The dynamics of aggression: Biological and social processes in dyads and groups* (pag. 227–253). Hillsdale: Lawrence Erlbaum.

Chamberlain, P., & Patterson, G. R. (1995). Discipline and child compliance in parenting. In M. H. Bornstein (Red.), *Handbook of parenting* (vol. 1, pag. 205–225). Mahwah: Lawrence Erlbaum.

Clarke, R. V. (Red.). (1992). *Situational crime prevention: Successful case studies*. New York: Harrow & Heston.

Cotrell, B. (2001). *Parent abuse: The abuse of parents by their teenage children*. Ottawa: Family Violence Prevention Unit, Health Issues Division, Health Canada.

Craig, W., & Pepler, D. (1997). Observations of bullying and victimization in the schoolyard. *Canadian Journal of School Psychology, 2*, 41–60.

Dadds, M. R., & Powell, M. B. (1991). The relationship of interparental conflict and global marital adjustment to aggression, anxiety, and maturity in aggressive and nonclinic children. *Journal of Abnormal Child Development, 19*, 553–567.

De Young, M. (1982). *The sexual victimization of children*. London: McFarland.

Dishion, T. J., & Patterson, G. P. (1992). Age effects in parent-training outcome. *Behavior Therapy, 23*, 719–729.

Dornbusch, S., Carlsmith, T., Bushwall. S., Ritter, P., Leiderman, H., Hastorf. A., Downey, G., & Coyne, J. C. (1990). Children of depressed parents: An integrative review. *Psychological Bulletin, 108*, 50–76.

Durrant, M., & Kowalski, K. (1990). Overcoming the effects of sexual abuse: Developing a self-perception of competence. In M. Durrant & C. White (Red.), *Ideas for therapy with sexual abuse*. Adelaide: Dulwich Centre.

Eisenberg, N., & Murphy, B. (1995). Parenting and children's moral development. In M. H. Bornstein (Red.), *Handbook of parenting* (vol. 1, pag. 227–256). Mahwah: Lawrence Erlbaum.

Farrington, D. P., & West, D. J. (1971). A comparison between early delinquents and young agressives. *British Journal of Criminology, 11*, 341–358.

Finkelhor, D. (1980). Sex among siblings: A survey on prevalence, variety, and effects. *Archives of Sexual Behavior, 7*, 171–194.

Finkelhor, D. (1995). The victimization of children: A developmental perspective. *American Journal of Ortopsychiatry, 63*, 177–193.

Finkelhor, D., & Dziuba-Leatherman, J. (1994). Victimization of children. *American Psychologist, 49*, 173–183.

Fletcher, A. C., et al. (2004). Parental influences on adolescent problem behavior. *Child Development, 75*, 781–796.

Florsheim, P., Tolan, P., & Gorman-Smith, D. (1998). Family relationships, parenting practices, the availability of male family members, and the behavior of inner-city boys in single-mother and two-parent families. *Child Development, 69*, 1437–1447.

Frick, P. J., Lahey, B. B., Loeber, R., Stouthamer-Loeber, M., Christ, M. G., & Hanson, K. (1992). Familial risk factors to oppositional defiant disorder and conduct disorder: Parental psychopathology and maternal parenting. *Journal of Consulting and Clinical Psychology, 60*, 49–55.

Funk, W. (1996). Familien- und Haushaltskontext als Determinanten der Gewalt an Schulen. Ergebnisse der Nürnberger Schrüller Studie 1994. *Zeitschrift für Familienforschung, 1*, 5–45.

Ge, X., Conger, R. D., Cadoret, R. J., Neiderhiser, J. M., Yates, W., Troughton, E., & Stewart, M. A. (1996). The developmental interface between nature and nurture: A mutual influence model of child anti-social behavior and parent behaviors. *Developmental Psychology, 32*, 574–589.

Geva, R. (1992). *Strategies for crime prevention*. Ministry of Internal Security. Jerusalem, Israel (in Hebrew).

Goldstein, A. P. (1996). *The psychology of vandalism*. New York: Plenum.

Goldstein, A. P., & Conoley, J. C. (Red.). (1997). *School violence intervention*. New York: Guilford.

Gottman, J. M. (1998). Psychology and the study of marital processes. *Annual Review of Psychology, 49*, 169–197.

Gottman, J. M., & Levenson, R. W. (1998). What predicts change in marital interaction over time? *Family Process, 38,* 143–158.

Green, R. W. (2001). *The explosive child: A new approach for understanding and parenting easily frustrated, chronically inflexible children.* New York: Harper Collins Publishers.

Gully, K. J., Dengerink, H. A., Pepping, M., & Bergstrom, D. (1981). Research note: Sibling contribution to violent behavior. *Journal of Marriage and the Family, 43,* 333–337.

Henggeler, S. W. (1991). Multidimensional causal models of delinquent behavior. In R. Cohen & A. Siegel (Red.), *Context and development* (pag. 211–231). Hillsdale: Lawrence Erlbaum.

Hetherington, M., Cox, M., & Cox, R. (1975). *Beyond father absence: Conceptualization of effects of divorce.* Paper read at the Conference on Social Research and Child Development, Denver, Colo.

Hetherington, E. M., Clingempeel, W. G., Anderson, E. R., Deal, J. E., Hagan, M. S., et al. (1992). Coping with marital transitions: A family systems perspective. *Monographs of Social Research and Child Development, 57,* Ser. No. 227.

Holen, F. van. (2014). *Ontwikkeling en implementatie van een trainingsprogramma voor pleegouders gebaseerd op Geweldloos Verzet.* Brussel: VUBPress.

Jong, A. de. (1989). Sexual interactions among siblings: Experimentation or exploitation. *Child Abuse and Neglect, 13,* 271–279.

Jouriles, E. N., Murphy, C. M., Farris, A. M., Smith, D. A., Richiers, J. E., & Waters, E. (1991). Marital adjustment, parental disagreements about child rearing and behavior problems in boys: Increasing the specificity of the marital assessment. *Child Development, 2,* 1424–1433.

Katznelson, I. (2001). *The teacher's figure in public debate.* M.A. thesis, Department of Psychology, Tel Aviv University (in Hebrew).

Kenigswald, I. (2001). *The authority of adults in the community.* M.A. thesis, Department of Psychology, Tel Aviv University (in Hebrew).

Kolko, D., Kazdin, A., & Day, B. (1996). Children's perspectives in the assessment of family violence: Psychometric characteristics and comparison to parent reports. *Child Maltreatment, 1,* 156–167.

Kolvin, I., Miller, F. J. W., Fleeting, M., & Kolvin, P. A. (1988). Social and parenting factors affecting criminal offence rates: Findings from the Newcastle Thousand Family Study (1947–1980). *British Journal of Psychiatry, 152,* 80–90.

Laub, J. H., & Sampson, R. J. (1988). Unraveling families and delinquency: A reanalysis of the Gluecks' data. *Criminology, 26,* 355–379.

Laviola, M. (1992). Effects of older brother-younger sister incest: A study of the dynamics of 17 cases. *Child Abuse and Neglect, 16,* 409–421.

Lebowitz, E. R. & Omer, H. (2013). *Treating childhood and adolescent anxiety. A guide for caregivers.* Hoboken: Wiley.

Levenson, R. W., & Gottman, J. M. (1983). Marital interaction: Physiological linkage and affective exchange. *Journal of Personality and Social Psychology, 45,* 587–597.

Levenson, R. W., & Gottman, J. M. (1985). Physiological and affective predictors of change in relationship satisfaction. *Journal of Personality and Social Psychology, 49,* 85–94.

Loeber, R., & Dishion, T. J. (1984). Boys who fight at home and in school: Family conditions influencing cross-setting consistency. *Journal of Consulting and Clinical Psychology, 52,* 759–768.

Loeber, R., & Hay, D. (1997). Key issues in the development of aggression and violence from childhood to early adulthood. *Annual Review of Psychology, 48,* 371–410.

Loeber, R., & Stouthamer-Loeber, M. (1986). Family factors as correlates and predictors of juvenile conduct problems and delinquency. In M. Tonry & N. Morris (Red.), *Crime and justice: An annual review of research* (vol. 7, pag. 129–149). Chicago: University of Chicago Press.

Loeber, R., Weissman, W., & Reid, J. B. (1983). Family interactions of assaultive adolescents, stealers and nondelinquents. *Journal of Abnormal Child Psychology, 11,* 1–14.

Matheny, A. P. Jr. (1991). Children's unintentional injuries and gender: Differentiation by environmental and psychosocial aspects. *Children's Environment Quarterly, 8,* 51–61.

Mayer, R. G., Butterworth, T., Nafpaktitis, M., & Sulzer-Azaroff, B. (1983). Preventing school vandalism and improving discipline: A three-year study. *Journal of Applied Behavior Analysis, 16,* 355–369.

McCord, J. (1986). Instigation and insulation: How families affect anti-social aggression. In D. Olweus, J. Block, & M. Radke-Yarrow (Red.), *Development of antisocial and prosocial behavior: Research, theories, and issues* (pag. 343–384). Orlando: Academie.

Moffit, T. E. (1990). The neuropsychology of delinquency: A critical review of theory and research. In N. Morris & M. Tonry (Red.), *Crime and justice* (vol. 12, pag. 99–169). Chicago: University of Chicago Press.

Moffit, T. E. (1993). Adolescence-limited and life-course-persistent anti-social behavior: A developmental taxonomy. *Psychological Review, 100,* 674–701.

Moffit, T. E., & Henry, B. (1991). Neuropsychological studies of juvenile delinquency and violence: A review. In J. Milner (Red.), *The neuropsychology of aggression* (pag. 67–91). Norwell: Kluwer Academic.

Neiderhiser, J. M., Reiss, D., Hetherington, E. M., & Plomin, R. (1999). Relationships between parenting and adolescent adjustment over time: Genetic and environmental contributions. *Developmental Psychology, 35,* 680–692.

O'Brien, M. (1991). Taking sibling incest seriously. In M. Patton (Red.), *Understanding family sexual abuse.* Newbury Park: Sage.

O'Connor, T. G., Deater-Deckard, K., Fulker, D., Rutter, M., & Plomin, R. (1998). Genotype-environment correlations in late childhood and early adolescence: Anti-social behavioral problems and coercive parenting. *Developmental Psychology, 34,* 970–981.

Olweus, D. (1980). Familial and temperamental determinants of aggressive behavior in adolescent boys: A causal analysis. *Developmental Psychology, 16,* 644–660.

Olweus, D. (1993). *Bullying at school: What we know and what we can do.* Oxford: Blackwell.

Omer, H. (2000). *Parental presence: Reclaiming a leadership role in bringing up our children.* Phoenix: Zeig, Tucker.

Omer, S. (2001). Restoring the teacher's authority. M.A. thesis, Department of Psychology, Tel Aviv University (in Hebrew).

Omer, H. (2011). *Nieuwe Autoriteit, samenwerken aan een krachtige opvoedingsstijl thuis, op school en in de samenleving.* Amsterdam: Hogrefe Uitgevers.

Omer, H., & Alon, N. (forthcoming). The demonic and tragic narratives in psychotherapy and personal relations. In A. Lieblich & R. Josselson (Red.), *Healing plots: The narrative basis of psychotherapy.* Washington, DC: APA Books.

Omer, H., & Elitzur, A. (2001). What would you say to the person on the roof? A suicide-prevention text. *Suicide and Life-Threatening Behavior, 31,* 129–139.

Omer, H., & Schlippe, A. von. (2010). Kracht in plaats van macht. 'Nieuw gezag' als kader voor hechting. *Gezinstherapie Wereldwijd, 21*(1), 47–62.

Omer, H., Steinmetz, S., Carthy, T., & von Schlippe, A. (2013). The anchoring function: Parental authority and the parent-child bond. *Family Process, 52*(2), 193–206.

On, L. (2001). Restoring the teacher's authority in kindergarten. M.A. thesis, Department of Psychology, Tel Aviv University (in Hebrew).

Orford, J. (1986). The rules of interpersonal complementarity: Does hostility beget hostility and dominance, submission? *Psychological Review, 93,* 365–377.

Patterson, G. R. (1980). Mothers: The unacknowledged victims. *Monograph of the Society for Research in Child Development, 45*(5), 1–47.

Patterson, G. R. (1982). *A social learning approach, vol. 3: Coercive family process.* Eugene: Castalia.

Patterson, G. R., & Capaldi, D. M. (1991). Anti-social parents: Unskilled and vulnerable. In P. A. Cowan & E. M. Hetherington (Red.), *Family transitions* (pag. 195–218). Hillsdale: Lawrence Erlbaum.

Patterson, G. R., Dishion, T. J., & Bank, L. (1984). Family interaction: A process model of deviancy training. *Aggressive Behavior, 10,* 253–267.

Patterson, G. R., Reid, J. B., & Dishion, T. J. (1992). *Antisocial boys.* Eugene: Castalia.

Patterson, G. R., Dishion, T. J., & Chamberlain, P. (1993). Outcomes and methodological issues relating to treatment of antisocial children. In T. R. Giles (Red.), *Effective psychotherapy: A handbook of comparative research* (pag. 43–88). New York: Plenum.

Perlman, M., & Ross, H. S. (1997). The benefits of parent intervention in children's disputes: An examination of concurrent changes in children's fighting styles. *Child Development, 64,* 690–700.

Plomin, R., Chipuer, H. M., & Loehlin, J. C. (1990a). Behavior genetics and personality. In I. A. Pervin (Red.), *Handbook of personality theory and research* (pag. 225-243). New York: Guilford.

Plomin, R., Nitz, K., & Rowe, D. C. (1990b). Behavioral genetics and aggressive behavior in childhood. In M. Lewis & S. M. Miller (Red.), *Handbook of developmental psychopathology* (pag. 119–133). New York: Plenum.

Potegal, M., & Davidson, R. J. (1997). Young children's post tantrum affiliation with their parents. *Aggressive Behavior, 23,* 329–341.

Ratzke, R., & Cierpka, M. (1999). Der familiäre Kontext von Kindern, die aggressive Verhaltensweisen zeigen. In M. Cierpka (Red.), *Kinder mit aggressivem Verhalten* (pag. 25–60). Göttingen: Hogrefe.

Rausch, K., & Knutson, J. (1991). The self-report of personal punitive childhood experiences and those of siblings. *Child Abuse and Neglect, 15,* 29–36.

Rigby, K., & See, P. (1992). Bullying among Australian school children: Reported behavior and attitudes towards victims. *Journal of School Psychology, 131,* 615–627.

Rothbart, M. K., & Bates, J. E. (1998). Temperament. In W. Damon (series Red.) & N. Eisenberg (vol. Red.), *Handbook of child psychology, vol. 3: Social, emotional, and personality development* (5th ed. pag. 105–176). New York: Wiley.

Rothbart, M. K., Posner, M. I., & Rosicky, J. (1994). Orienting in normal and pathological development. *Development and Psychopathology, 6,* 635–652.

Salmivalli, C. (1999). Bullying as a group process: An adaptation of the participant role approach. *Aggressive Behavior, 25,* 97–111.

Salmivalli, C., Lagerspetz, K. M., Bjuorkqvist, K., Osterman, K., & Kaukiain, A. (1996). Bulying as a group process: Participant roles and their relations to social status within the class. *Aggressive Behavior, 22,* 1–15.

Schweitzer, J. (1987). *Therapie dissozialer Jugendlicher.* Weinheim: Juventa.

Schweitzer, J. (1997). Systemische Beratung bei Dissozialität, Delinquenz und Gewalt. *Praxis der Kinderpsychologie und Kinderpsychiatrie, 46,* 215–227.

Sharp, G. (1960). *Gandhi wields the weapon of moral power.* Ahmedahab: Navajivan.

Sharp, G. (1973). *The politics of nonviolent action.* Boston: Extending Horizons.

Shneidman, E. S. (1985). *Definition of suicide.* Northvale: Jason Aronson.

Smith, H., & Israel, E. (1987). Sibling incest: A study of the dynamics of 25 cases. *Child Abuse and Neglect, 11,* 101–108.

Smith, P. K., Morita, Y., Junger-Tas, J., Olweus, D., Catalano, R., & Slee, P. (Red.). (1999). *The nature of school bullying: A cross-national perspective.* London: Routledge.

Spanos, N. P. (1994). *Psychological Bulletin, 116,* 143–165.

Steinberg, L. (1986). Latchkey children and susceptibility to peer-pressure: An ecological analysis. *Developmental Psychology, 22,* 433–439.

Steinberg, L. (1987). Single parents, stepparents, and the susceptibility of adolescents to antisocial peer pressure. *Child Development, 58,* 269–275.

Steinmetz, S. K. (1977). The use of force for resolving family conflict: The training ground for abuse. *Family Coordinator, 26,* 19–26.

Steinmetz, S. K. (1978). Sibling violente. In J. M. Eskelaan & S. N. Katz (Red.), *Family violence: An international and interdisciplinary study.* Toronto: Butterworths.

Straus, M. R., & Gelles, R. J. (1990). *Physical violence in American families: Risk factors and adaptations to violence in 8,145 families.* New Brunswick: Transaction.

Thomas, A., & Chess, S. (1977). *Temperament and development.* New York: Brunner/Mazel.

Uziel, K. (2001). *Parents, teachers and what goes between them*. M.A. thesis, Department of Psychology, Tel Aviv University (in Hebrew).

Waal, F. B. M. de. (1993). Reconciliation among primates: A review of empirical evidence and unresolved issues. In W. A. Mason & S. P. Mendoza (Red.), *Primate social conflict* (pag. 111–144). State University of New York Press.

Wahler, R. G., & Dumas, J. E. (1986). Maintenance factors in coercive mother-child interactions: The compliance and predictability hypothesis. *Journal of Applied Behavior Analysis, 13,* 207–219.

Wahler, R. G., & Sansbury, L. E. (1990). The monitoring skills of troubled mothers: Their problems in defining child deviance. *Journal of Abnormal Child Psychology, 18,* 577–589.

Wiehe, V. R. (1997). *Sibling abuse: Hidden physical, emotional, and sexual trauma*. Thousand Oaks: Sage.

Wilson, H. (1987). Parental supervision re-examined. *British Journal of Criminology, 27,* 215–301.

Wolfe, D. A. (1987). *Child abuse: Implications for child development and psychopathology*. Newbury Park: Sage.

Wood, D. (1991). In defense of indefensible space. In P. J. Brantingham & P. L. Brantingham (Red.), *Environmental criminology*. Newbury Park: Sage.

www.newauthority.net

www.nvrschool.com

www.nvrpsy.com

Printed in the United States
By Bookmasters